우리말처럼 쉽게 활용하는 **영어표현회화**

개정판 1쇄 인쇄 | 2014년 3월 21일
개정판 1쇄 발행 | 2014년 3월 25일

지은이 | 김은영
펴낸이 | 진성옥 · 오광수
펴낸곳 | 꿈과희망
출판등록 | 제1-3077호

주소 | 서울시 마포구 토정로 222 B동 1층 108호
전화 | 02)2681-2832
팩스 | 02)943-0935
e-mail | jinsungok@empal.com

ISBN | 89-94648-56-9 13740
※ 책 값은 뒤표지에 있습니다.
※ 새론북스는 도서출판 꿈과희망의 계열사입니다.

ⓒ Printed in Korea.

※ 잘못된 책은 바꾸어 드립니다.

김은영 지음

꿈과희망

Foreword | 머리말

우리나라 사람 중에 자신있게 '영어가 쉽다'고 말할 수 있는 사람이 몇이나 될까? 영문법과 영단어를 어지간히 익혔다고 하는 사람도 막상 외국인과 부딪치면 표현하고자 하는 내용의 절반도 입 밖에 내놓지 못하는 게 현실이다.

　이것이 영어를 살아 있는 생생한 회화 표현 자체로 익히지 못하고 단어로, 문법 공식으로 익힌 폐해인 것이다. 그럼 이런 문제를 어떻게 해결해야 할까? 가장 좋은 방법은 어린아이가 말을 익히듯 원어민과 가깝게 지내면서 차근차근 모든 표현을 영어로 익히는 것이다. 하지만 현실적으로 그런 학습법은 불가능에 가깝다. 그렇다면 대신 늘 가지고 다니면서 읽고 듣고 말할 수 있는 쉽고도 생생한 영어회화 표현집을 선택해서 공부하는 것이 차선의 선택이 될 것이다.

　이 책은 생활 속 여러 장면을 설정하여 "이럴 때 영어로는 뭐라고 말하나?"라는 질문에 곧바로 답을 주는 교재이다. 일상 회화에서 실제로 많이 쓰이고 있는 생생한 영어 표현을 모아 가득 담았다. 내용이 알차면서도 언제든 보기 편하도록 만들어 실용성도 높였다.

　이 책을 활용하는 것은 독자들 각자의 공부법에 달려 있다. 앞에서부터 차례로 읽어 가면서 도움이 될 만한 표현을 외워도 좋고, 제목을 먼저 보고 흥미롭거나 필요하다고 느껴지는 페이지부터 읽기 시작해도 좋다. 혹은 사전처럼 활용해서 필요할 때마다 필요한 대목만 발췌해서 읽어도 좋다. 어떻게 활용하든 가장 중요한 점은 소리를 내어 읽으라는 것이다.

 물론 발음은 원어민과 가깝게 내려고 노력해야 한다. 스스로를 원어민이라 생각하고 소리를 내어 몇 번씩 되풀이해서 읽어야 한다. 그러는 중에 외국인과의 대화가 두렵지 않은 놀라운 변화를 느끼게 된다. 또 이 책 전체를 익히면 영어다운 영어에 익숙해지고 여러 가지 화제에 대해서도 말할 수 있게 되어 대화 자체를 매끄럽게 풀어 갈 수 있게 된다.

 영어란 무서운 존재가 아니라는 것, 외국인과의 대화에 있어 가장 중요한 요소는 자신감이라는 것을 명심하고 이 책이 그 자신감을 독자 여러분에게 심어 주기를 진심으로 바란다.

김 은 영

Contents

Part 1 | 기분을 전하다
Show feelings

01. 네와 아니오 ⋯ 16
　네 ⋯ 16
　아니오 ⋯ 17

02. 의사 표현 ⋯ 18
　찬성하다 ⋯ 18
　반대하다 ⋯ 18
　의견이 있다 ⋯ 19
　애매하게 대답하다 ⋯ 20
　보류하다 ⋯ 21

03. 예절 표현 ⋯ 22
　감사하다 ⋯ 22
　선물에 감사하다 ⋯ 23
　천만에 ⋯ 23
　미안하다 ⋯ 23
　괜찮다 ⋯ 24

04. 감정 표현 ⋯ 25
　기쁘다 ⋯ 25
　즐겁다 ⋯ 26
　슬프다 ⋯ 26
　지겹다 ⋯ 27
　화를 내다 ⋯ 27
　실망했다 ⋯ 28
　놀라다 ⋯ 29
　감동하다 ⋯ 29

Part 2 | 사람과 만나다
Meet people

01. 인사를 하다 … 32
　만났을 때의 인사 … 32
　첫만남의 사람과 … 33
　자기 소개 … 33
　오랜만에 만난 사람과 … 34
　우연히 만난 사람과 … 35
　다른 사람 소개 … 36
　헤어질 때의 인사 … 37
　한동안 만날 수 없는 사람과 … 38

02. 자신에 대해 말하다 … 39
　가족에 대해 … 39
　출신지에 대해 … 40
　살고 있는 도시에 대해 … 41
　주거 환경에 대해 … 43
　주거 시설에 대해 … 44
　이사에 대해 … 46
　나이에 대해 … 46
　생일에 대해 … 47
　신체 조건에 대해 … 47
　얼굴에 대해 … 48
　성격에 대해 … 50
　직업에 대해 … 52
　직장에 대해 … 54
　학교에 대해 … 54
　장래 희망에 대해 … 55

Part 3 | 흥미거리에 대해 말하다
Talk about Topics

01. 취미 … 60
    취미에 대해 … 60
    독서 … 61
    영화 … 62
    TV … 64
    여행 … 64
    수집 … 66
    그림, 사진 … 67
    음악 … 68
    애완동물 … 70
    원예 … 71
    요리, 게임 … 72

02. 스포츠 … 75
    스포츠에 대해 … 75
    육상 등 … 75
    테니스, 골프 … 76
    등산, 낚시 … 77
    댄스, 무술 … 77
    구기 종목 … 79
    수영 등 … 79
    스키 등 … 80
    스포츠 관전 … 81

03. 그 밖의 화제 … 85
    자동차 … 85
    패션 … 87
    건강 … 89

Part 4 | 일상의 대화를 하다
Talk about Daily Life

01. 일상생활 ⋯ 92
  일어나다 ⋯ 92
  집을 나서다 ⋯ 93
  집안일을 하다 ⋯ 94
  집으로 돌아오다 ⋯ 95
  저녁 식사 ⋯ 96
  휴식을 취하다 ⋯ 97
  휴일 ⋯ 98
  잠자리에 들다 ⋯ 99

02. 대화 표현 ⋯ 101
  말을 걸다 ⋯ 101
  확인하다 ⋯ 102
  맞장구치다 ⋯ 103
  알겠다 ⋯ 104
  모르겠다 ⋯ 104
  못 알아들었다 ⋯ 105
  설명하기 어렵다 ⋯ 106
  말을 잇다 ⋯ 106
  화제를 바꾸다 ⋯ 107
  이야기를 재촉하다 ⋯ 108

Part 5 | 인간관계를 말하다
Talk about Relationship

01. 친구·이성 친구 ··· 110
　　친구에 대해 ··· 110
　　남자친구에 대해 ··· 111
　　여자친구에 대해 ··· 112
　　연애 감정 표현 ··· 113
　　데이트에 대해 ··· 113
　　말다툼에 대해 ··· 114
　　실연에 대해 ··· 114
　　권태기에 대해 ··· 115
　　결혼에 대해 ··· 116
　　데이트를 청하다 ··· 116
　　거절하다 ··· 117
　　고백하다 ··· 118
　　청혼하다 ··· 119
　　헤어지자고 하다 ··· 120

02. 가족 ··· 122
　　가족 구성에 대해 ··· 122
　　부모님에 대해 ··· 124
　　형제, 자매에 대해 ··· 126
　　자녀에 대해 ··· 127

Part 6 | 사람들과 사귀다
Keep company

01. 약속하다 ··· 130
　시간이 있는지 묻다 ··· 130
　식당 · 커피숍 등에 가자고 청하다 ··· 130
　집으로 초대하다 ··· 131
　파티에 초대하다 ··· 131
　초대를 받아들이다 ··· 132
　초대를 거절하다 ··· 133
　초대를 바라다 ··· 134
　약속 시간을 정하다 ··· 134
　약속 장소를 정하다 ··· 135

02. 방문하다 ··· 137
　손님을 맞이하다 ··· 137
　방문하다 ··· 137
　손님을 접대하다 ··· 138
　돌아가겠다고 말하다 ··· 139
　작별 인사 ··· 139

03. 위로하다 ··· 141
　병문안하다 ··· 141
　입원한 사람을 병문안하다 ··· 141
　완쾌를 빌다 ··· 142
　병문안에 대해 감사하다 ··· 143
　병 회복을 알리다 ··· 143
　퇴원을 알리다 ··· 144
　재해를 위로하다 ··· 144
　문상하다 ··· 146
　조의를 표하다 ··· 147

상을 당한 사람을 위로하다 ⋯ 148
장례식에 대해 ⋯ 149
위로에 답하다 ⋯ 149

04. 의논 상대가 되어 주다 ⋯ 151
상의하다 ⋯ 151
조언하다 ⋯ 152
주의를 주다 ⋯ 152
격려하다 ⋯ 153
칭찬하다 ⋯ 154
축하하다 ⋯ 155

05. 부탁하다 ⋯ 156
부탁이 있다 ⋯ 156
허락을 구하다 ⋯ 157
빌려 달라고 하다 ⋯ 157
돌려 달라고 하다 ⋯ 158
돈을 빌려 달라고 하다 ⋯ 158
부탁에 답하다 ⋯ 159

Part 7 | 상황에 따라 표현하다
Talk by Circumstances

01. 시간 · 요일 · 날짜 ⋯ 162
　　시간에 대해 ⋯ 162
　　시계 상태에 대해 ⋯ 163
　　요일에 대해 ⋯ 163
　　날짜에 대해 ⋯ 164

02. 식당 ⋯ 165
　　식당을 찾아 예약하다 ⋯ 165
　　주문하다 ⋯ 166
　　요구 사항을 말하다 ⋯ 167
　　계산하다 ⋯ 168

03. 쇼핑 ⋯ 172
　　상점을 찾다 ⋯ 172
　　상품을 고르다 ⋯ 172
　　계산하다 ⋯ 173
　　교환 · 환불하다 ⋯ 174

04. 거리 ⋯ 175
　　길을 묻다 ⋯ 175
　　길을 안내하다 ⋯ 175
　　기차를 타다 ⋯ 176
　　버스를 타다 ⋯ 177
　　지하철을 타다 ⋯ 177
　　택시를 타다 ⋯ 178

05. 전화 ⋯ 180
　　전화를 받다 ⋯ 180
　　전화를 걸다 ⋯ 180
　　전화를 바꿔 주다 ⋯ 181

전화를 받을 수 없다 … 181
잘못 걸었다 … 182
전화를 끊다 … 183

06. 날씨 … 184
날씨에 대해 … 184
날씨가 좋다 … 184
날씨가 우중충하다 … 185
날씨가 나쁘다 … 185
비가 내리다 … 186
눈이 내리다 … 187
바람이 불다 … 188
덥다 … 188
춥다 … 189

07. 병·부상 … 190
병원에 가고 싶다 … 190
아프다 … 190
열이 있다 … 191
속이 안 좋다 … 191
이가 아프다 … 192
귀가 이상하다 … 192
눈이 아프다 … 193
다쳤다 … 193
피로하다 … 193
진찰하다 … 194

08. 사고 … 196
도움을 청하다 … 196
사고에 대해 … 196
연락을 원하다 … 197
고발하다 … 198

PART 1

기분을 전하다
Show feelings

Yes, I am. Yeah. Right. Me, too. Certainly. Sure. Absolutely. That's it! I think so. I guarantee it. I assure you. Bingo! It's true. Yes, I am. Yeah. Right. Me, too. Certainly. Sure. Absolutely. That's it! I think so. I guarantee it. I assure you. Bingo! It's true. Yes, I am. Yeah. Right. Me, too. Certainly. Sure. Absolutely. That's it! I think so. I guarantee it. I assure you. Bingo! It's true. Yes, I am. Yeah. Right. Me, too. Certainly. Sure. Absolutely. That's it! I think so. I you. Bingo! It's true. Yes, I am. Yeah. Right. Meyou.

01 네와 아니오 Yes and No

❋❋ 네

네, 그렇습니다.	**Yes, I am.** (Are you~로 시작되는 질문에 대한 대답)
네, 그렇고말고요.	**Yes, indeed.**
응.	**Yeah.**
그렇습니다.	**Right.**
저도 그렇습니다.	**Me, too.**
알겠습니다.	**Certainly.**
기꺼이 그러죠!	**I'd be glad to! / With pleasure!** (상대방의 부탁을 받아서)
좋아.	**O.K.**
좋습니다.	**All right.**
물론입니다.	**Sure.**
당연합니다.	**Absolutely.**
그거야!	**That's it!**
그렇게 생각합니다.	**I think so.**
보증합니다.	**I guarantee it. / I assure you.**
맞았어!	**Bingo!**
정말이야.	**It's true.**
그러세요.	**Why not?**
네, 그러세요.	**Yes, please do.**
제가 할 수 있는 건 할게요.	**I'll do what I can.**

※ 아니오

아니오, 틀립니다.	**No, I'm not.** (Are you~로 시작되는 질문에 대한 대답)
틀립니다.	**Wrong.**
그렇지 않습니다.	**That's not right.**
절대 아니야!	**Never!**
말도 안 돼!	**No way!** (상대방의 제안을 강하게 거절할 때)
저 역시 아닙니다.	**Me, neither.**
난 아냐.	**Not me.**
물론 아니지.	**Of course not.**
한 번도 없습니다.	**No, never.**
항상 그런 건 아닙니다.	**Not always.**
더 이상은 아닙니다.	**Not anymore.**
전혀 없습니다.	**Nothing.**
아니오, 괜찮습니다.	**No, thank you.**
사실이 아니야.	**Untrue.**
거부합니다.	**Deny.**
안 되겠는데요.	**I'd rather not.**
죄송하지만 그건 안 됩니다.	**I'm afraid not.**
정말 할 수 없는데요.	**I really can't do it.**

단 어 basic words

맞다 : **right / correct**
정말 : **true**
확실한 : **sure**
확실하게 : **certainly / definitely**
절대로 : **absolutely**
긍정적인 : **positive**

인정하다 : **admit**
틀리다 : **wrong / incorrect**
사실이 아니다 : **untrue**
부정적인 : **negative**
부정하다 : **deny**
결코 아니다 : **never**

02 의사 표현 Communication

✱✱ 찬성하다

찬성합니다.	**I agree.**
전적으로 찬성합니다.	**I totally agree.**
그 점에 대해 찬성합니다.	**I agree with you on that point.**
저도 그렇게 생각해요.	**I think so, too.**
당신이 맞아요.	**You're right.**
좋은 생각이에요.	**That's a good idea.**
너의 의견에 찬성이야.	**I'm for your opinion.**
지당합니다.	**That's reasonable.**
네 말이 타당하다.	**You have a point.**
좋아.	**Fine.**
그거면 됐어.	**Fair enough.**
저는 그거면 돼요.	**That's fine with me.**
확실히 그러네요.	**That's for sure. / That's true.**

✱✱ 반대하다

반대합니다.	**I don't agree.**
당신 의견에 반대합니다.	**I don't agree with you.**
그에 반대합니다.	**I'm against it.**
나는 그렇게 생각하지 않아요.	**I don't think so.**

저는 그렇게 보지 않아요.	**I don't see it that way.**
저는 다른 의견이에요.	**I have a different opinion.**
좋은 생각 같지 않네요.	**That's not a good idea.**
네가 틀렸어.	**You're wrong.**
그건 불가능해요.	**That's impossible.**
그건 권할 수 없겠네요.	**I don't recommend it.**
그렇게 무리한 말을 하지 마세요.	**Don't be so unreasonable.**
그건 문제 밖의 일이에요.	**That's out of the question.**
말도 안 돼.	**That's nonsense.**
바보 같은 말 하지 마!	**Don't be ridiculous!**
눈에 흙이 들어가기 전엔 안 돼!	**Over my dead body!**
잘 되지 않을 거야.	**I don't think it will work.**
좀더 현실적이 될 필요가 있어.	**You need to be more realistic.**
넌 너무 낙천적이야.	**You're too optimistic.**

✱✱ 의견이 있다

제게 생각이 있어요.	**I have an idea.**
좋은 생각이 있어요.	**I have a good idea.**
제안하고 싶은 게 있어요.	**I have a suggestion.**
이거 어때요?	**How about this?**
제 생각으로는 해볼 만합니다.	**In my opinion, we should try that.**
저 개인적으로는 찬성할 수 없습니다.	**Personally, I don't like that idea.**
한마디하게 해주십시오.	**I'd like to say something.**
끝까지 말하게 해주세요.	**Let me finish.**
확실히 말해 둘게.	**Let's get this straight.**

당신은요?	How about you?
당신은 어떻게 생각해요?	What do you think?
너의 의견을 들려줘.	Tell me what you think.
생각하고 있는 걸 들려줘.	Tell me what you have on your mind.
그게 전부야?	Is that everything?
그 밖에는?	Anything else?
무슨 뜻이지?	What do you mean?
그렇게 생각하지 않아?	Don't you think so?

✱✱ 애매하게 대답하다

아마도.	Maybe.
아마 그렇지 않을 걸요.	Maybe not.
그렇겠네.	I guess so.
그럴지도 모르죠.	That may be true.
네가 말한 대로일지도.	You may be right.
확실히 몰라요.	I'm not sure.
말하자면	Sort of.
다소 그래.	More or less.
경우에 따라서.	It depends.
그러면 좋겠는데.	I hope so.
어느 쪽이라고 할 수 없어요.	Yes and no.
뭐라 말하기 어려워요.	It's hard to say.
너 좋을대로.	Whatever you like.
네가 그렇게 말한다면 그걸로 좋아.	Okay, if you say so.
아무래도 좋아요.	I don't care.

※ 보류하다

생각해 볼게.	I'll think about it.
생각하게 해줘.	Let me think about it.
지금 바로는 결정할 수 없어요.	I can't decide it now.
하룻밤 생각하게 해주세요.	Let me sleep on it.
생각할 시간을 주십시오.	I need some time to think about it.
아직 확실한 대답은 할 수 없어요.	I can't give you a definite answer yet.
머리를 식히고 다시 생각할 필요가 있어요.	I need to calm down and think it over again.
우리가 어떻게 하면 좋을까 검토해 보겠습니다.	We'll discuss what we can do.

단 어 basic words

가능한 : **possible**
검토하다 : **consider**
관점 : **viewpoint / standpoint**
그런 것 같은 : **likely**
그런 것 같지 않은 : **unlikely**
동의 : **agreement**
반대의 : **opposed / opposite**
반대하다 : **object**
보유하다 : **hold**
불가능한 : **impossible**
불확실한 : **unclear / uncertain**
비합리적인 : **unreasonable**
생각 : **idea**

아마 : **maybe / probably / perhaps**
애매한 : **vague**
의견 : **opinion**
의사 : **intention**
이의 : **objection**
제안 : **suggestion**
지지하다 : **support**
찬성하다 : **agree**
추측하다 : **guess / suppose**
토의하다 : **discuss**
합리적인 : **reasonable**
~에 반대해서 : **against**
~에 찬성해서 : **for**

03 예절 표현 Etiquette

✳✳ 감사하다

감사합니다.	Thank you.
고마워.	Thanks.
너무 고마워.	Thank you very much. / Thank you so much.
대단히 고마워.	Thanks a million.
여러 가지로 고마워.	Thank you for everything.
친절에 감사해.	Thank you for your kindness.
기다려 줘서 고마워.	Thank you for waiting.
도와줘서 고마워.	Thank you for your help.
염려해 줘서 고마워.	Thank you for your concern.
(호의에)감사합니다.	I appreciate it.
깊이 감사하고 있습니다.	I'm deeply grateful to you.
너무 친절하시네요.	It's very kind of you.
당신의 친절에 어떻게 감사드려야 할지 모르겠습니다.	I don't know how I can thank you for your kindness.
어쨌든 감사합니다.	Thank you anyway.
어떻게 감사를 드려야 할지.	I can't thank you enough.
당신의 친절 잊지 못할 거예요.	I shall never forget your kindness.

선물에 감사하다

귀여운 인형 정말 고맙습니다.	Thank you so much for the pretty doll.
생일날의 멋진 카드 정말 고마웠습니다.	Thank you very much for the lovely birthday card.
제게 멋진 생일선물 보내 주시다니 너무 친절하시군요.	It was very nice of you to send me a wonderful birthday present.
이거야말로 제가 내내 갖고 싶어하던 거예요.	This is what I have long wanted.
평생 소중히 간직하겠습니다.	I'll treasure it as long as I live.

천만에

천만에요.	You're welcome.
그러지 마세요.	Don't mention it.
아무 일도 아닌 걸요.	It's nothing.
대단한 일도 아니에요.	It's not big deal.
도움이 되어 기뻐요.	My pleasure.
아무 때라도 시키세요.	Any time.
아무 때나 부탁해도 돼요.	You can always count on me.
좋아하시니 기뻐요.	I'm glad you like it.

미안하다

미안.	Sorry.
미안합니다.	I'm sorry.
정말 미안해.	I'm very sorry.
실례합니다.	Excuse me.

늦어서 미안해요.	I'm sorry I'm late.
기다리게 해서 미안해요.	I'm sorry to keep you waiting.
미안해요. 깜박 잊었어요.	I'm sorry. I forgot.
그건 제 잘못이에요.	It was my fault.
사과합니다.	I apologize.
나빴다고 생각해.	I feel bad about it.
그럴 생각은 아니었어.	I didn't mean it.
다시는 그런 일이 없을 거예요.	It won't happen again.
제발 용서해 줘.	Please forgive me.
후회하고 있어.	I regret.

✱✱ 괜찮다

괜찮아요.	That's all right.
신경 쓰지 마세요.	Don't worry about it.
아무 것도 아니에요.	It's nothing.
사과할 필요 없어요.	There's no need to apologize.
당신 잘못이 아니에요.	It's not your fault.
어쩔 수 없었어요.	It can't be helped.
다음번엔 조심하세요.	Please be more careful next time.

단 어 basic words

감사하다 : **thank / appreciate**
감사한 : **thankful / grateful**
감사 : **thanks / appreciation**
사의 : **gratitude**
기쁨 : **pleasure**
미안한 : **sorry**

사죄 : **apology**
사죄하다 : **apologize**
후회하다 : **regret**
책임 : **fault**
잘못 : **mistake**
용서하다 : **excuse / forgive**

04 감정 표현 Emotion

** 기쁘다

행복해.	I'm happy.
너무 행복해요.	I'm so happy.
기뻐.	I'm glad.
너무 기뻐.	I'm overjoyed.
흥분돼.	I'm thrilled.
기분이 너무 좋아.	I feel great.
기분 최고야!	What a great feeling!
날아갈 것 같아.	I'm flying.
기뻐서 날아갈 것 같아.	I'm jumped for joy.
하늘을 나는 기분이에요.	I'm walking on air now.
이보다 더 좋을 순 없어.	Nothing could be more wonderful.
그 소식을 들으니 기쁘다.	I'm glad to hear that.
그거 기쁜 일이네.	That's my pleasure.
얼마나 운이 좋은지!	How lucky!
만세!	Bravo!
행운에 감사해요!	Thank goodness. Thank my luck.
내 자신이 자랑스러워.	I'm proud of myself.
행복해 보인다.	You look happy.
너 때문에 기뻐.	I'm very happy for you.
도움이 되어 기뻐!	Glad to be of help.

해냈어!	I did it!
우리가 해냈어!	We made it!
목표를 달성했어요!	I achieved my goals!
제 생애 이보다 더 기쁜 적이 없었어요.	I've naver been happier in my life.
더 이상 기쁠 수 없어.	I couldn't be happier with it.

✱✱ 즐겁다

정말 즐거웠어.	I had a very good time.
정말 즐거워요!	What a lark!
즐거워요.	I'm having fun.
잘 놀아!	Have fun!
기대하고 있어요.	I'm looking forward to it.
못 기다리겠어!	I can't wait!
콧노래 부르고 싶은 기분이에요.	I feel like humming.
만족스러워.	I'm completely.
마음이 편해요.	My mind is at ease.

✱✱ 슬프다

슬퍼요.	I'm sad.
공허한 기분이야.	I feel empty.
나 울적해.	I'm depressed.
우울해.	I feel blue.
슬픈 일이야.	That's sad.
슬퍼 보인다.	You look sad.

가슴이 찢어지는 것 같아.	**My heart broke.**
정말 상처받았어.	**It really hurt me.**
울고 싶어.	**I feel like crying.**
외로워.	**I feel lonely.**
혼자가 되어버린 기분이야.	**I feel isolated.**
초라한 기분이야.	**I feel miserable.**
절망적인 기분이야.	**I feel hopeless.**
끔찍해.	**That's terrible.**

지겹다

지루했어.	**It was boring.**
지루해서 죽을 뻔했어.	**I'm bored to death.**
불편한 느낌이야.	**I feel uncomfortable.**
전혀 관심 없어요.	**I'm not interested at all.**
아무 것도 할 기분이 아니야.	**I don't feel like doing anything.**
지겨워.	**I'm sick of it.**

화를 내다

젠장!	**Damn it!**
화가 나!	**I'm mad!**
너 때문에 화가 나!	**I'm mad at you!**
너 때문에 미치겠어.	**You drive me crazy.**
그녀는 나를 화나게 해.	**She makes me mad.**
나 정말 화났어.	**I'm very angry.**

너를 참아 줄 수가 없어.	**I can't stand you.**
더 이상 참을 수 없어.	**I can't take it any more.**
미칠 것 같아.	**It's driving me crazy.**
그만해!	**Stop it!**
이제 충분해!	**That's enough!**
구역질난다.	**That's disgusting!**
바보 취급하지 마.	**Don't make fun of me.**
네가 알 바 아니야.	**None of your business.**
닥쳐!	**Shut up!**
넌 네가 뭐라고 생각하는 거야?	**Who do you think you are?**
적당히 해 둬!	**Give me a break!**
내버려 둬.	**Leave me alone!**
듣고 싶지 않아.	**I don't want to hear it.**
또 시작이군.	**There you go again.**
왜 나야?	**Why me?**
어떻게 그렇게 말할 수 있어?	**How can you say that?**

✱✱ 실망하다

실망했어.	**I'm disappointed.**
너한테 실망이야.	**You let me down.**
그거 실망인데.	**That's disappointing.**
노력이 모두 허사가 되어버렸어.	**All my efforts were wasted.**
모두 허사라니!	**What a waste!**
시간 낭비였어.	**It was a waste of time.**
어처구니없는 실패를 했어.	**I screwed up.**

운이 없었어!	What hard luck!
오늘은 운이 없어.	It's not my day.

놀라다

놀랐어!	I'm surprised!
쇼크야!	I'm shocked!
아이고 세상에!	Oh my gosh!
맙소사!	Oh, boy!
믿기지 않아!	I can't believe it!
설마!	You're kidding!
말도 안 돼!	It can't be true!
진심이니?	Are you serious?
너 날 놀래켰어.	You scared me.
할 말이 없다.	I'm speechless.
전혀 예상 밖인데.	It was totally unexpected.
생각도 못했어.	I'd never have thought it.
정말 기분좋게 놀랐어!	What a nice surprise!
그거 처음 들은 거야.	That's news to me.
내 귀를 의심했어.	I could hardly believe my ears.
네가 그런 일을 하다니.	You're the last person to do that.

감동하다

멋져!	Great!
예쁘다!	Beautiful!

근사하다!	How nice!
괜찮은데!	That's cool!
훌륭했어!	It's wonderful!
감동했어.	I'm moved. / I'm touched. I'm inspired. / I'm impressed.
너무 감동했어.	It really got to me.
그건 정말 대단한 거야.	That's really something.
내가 해냈어!	I did it!
놀라워!	That's amazing!
꿈만 같아.	It's just too good to be true.
얼마나 환상적인지!	How fantastic!

단 어 basic words

감동했다 : **impressed / touched**
기쁜 : **glad / delighted**
놀람 : **surprise**
놀랐다 : **surprised**
대단한 : **great / wonderful**
만족한 : **satisfied**
멋지다 : **cool**
무서운 : **scare / frighten**
믿어지지 않는 : **unbelievable / incredible**
비참한 : **miserable**
산뜻한 : **neat**
슬픈 : **sad**
슬픔 : **sadness / sorrow**

실망 : **disappointment**
실망했다 : **disappointed**
싫은 : **obnoxious**
역겨운 : **disgusting**
예상밖의 : **unexpected**
즐거운 : **enjoyable / joyful**
지루한 : **boring**
지루했다 : **bored**
충격을 받았다 : **shocked**
침울한 : **depressed**
행복한 : **happy**
화 : **anger**
화난 : **angry / mad**

PART 2

사람과 만나다
Meet people

Hello. Hi! Good morning. Good afternoon. Good evening. Good night. How are you? How are you doing? How're things going? How have you been lately? Fine, Thank you. Not too bad. I'm getting by. Nice to meet you. Nice to meet you, too. How do you do? My name is Han Sun-woo. Please call me Sunny. I'm glad to meet you. I'm honored to meet you, Mr.George. I've been looking forward to meeting you. I've always wanted to meet you. I've heard a lot about you. Mr. Lee is always talking about you. Allow me to introduce myself. My name is Sangsup Yeom. I could hardly recognize you. I was out of town for a while.

01 인사를 하다 Greetings

** 만났을 때의 인사

안녕하세요.	Hello.
안녕!	Hi!
안녕.(오전인사)	Good morning.
안녕.(오후인사)	Good afternoon.
안녕.(저녁인사)	Good evening.
잘 자.	Good night.
잘 지냈어요?	How are you?
잘 지냈어?	How are you doing?
어떻게 지내?	How're things going?
요즘 어땠어?	How have you been lately?
잘 지내, 고마워.	Fine, Thank you.
나쁘진 않아.	Not too bad.
그럭저럭 지냈어.	I'm getting by.
어때?	What's up?
뭐 별로.	Nothing much.
일은 어때?	How's business?
늘 같아.	Same as usual.
괜찮은 것 같네.	You look very well.
변함없이 바쁘니?	Are you as busy as ever?
바쁜 것 같네.	You sound busy.

✲✲ 첫만남의 사람과

만나서 반갑습니다.	Nice to meet you.
저야말로 반갑습니다.	Nice to meet you, too.
처음 뵙겠습니다.	How do you do?
제 이름은 한선우입니다.	My name is Han Sun-woo.
저를 써니라고 불러 주세요.	Please call me Sunny.
만나서 기쁩니다.	I'm glad to meet you.
조지씨, 만나서 영광입니다.	I'm honored to meet you, Mr.George.
만남을 즐거움으로 여기고 있었습니다.	I've been looking forward to meeting you.
늘 만나고 싶었습니다.	I've always wanted to meet you.
이야기는 듣고 있었습니다.	I've heard a lot about you.
미스터 리는 늘 당신 얘기를 합니다.	Mr. Lee is always talking about you.
이름만은 알고 있었어요.	I knew you just by name.
우리 전에 만난 적 있나요?	Have we met before?
어디선가 본 듯하네요.	You look familiar.
당신과는 통화한 적이 있어요.	I've spoken with you on the phone.
마침내 만날 수 있게 되어 기뻐요.	It's great to finally met you.

✲✲ 자기 소개

자기 소개를 하겠습니다.	Let me introduce myself. / Allow me to introduce myself.
저에 대해 말하겠습니다.	I'll tell you about myself.
내 이름은 염상섭입니다.	My name is Sangsup Yeom./ I'm Sangsup Yeom.

나의 성은 염이고, 이름은 상섭입니다.	**My family name is Yeom, and my first name is Sangsup.**
내 이름은 유명한 작가의 이름을 딴 것입니다.	**I was named after a famous writer.**
내 이름은 한국에서는 상당히 흔한 이름입니다.	**My name is very common in Korea.**
나의 애칭은 영입니다.	**My nickname is Young.**
나의 이름은 서영이지만, 가족들은 생략해서 영이라고 부릅니다.	**My first name is Suyoung, but my family calls me Young for short.**
친구들은 나를 진수라고 부릅니다.	**I'm called Jinsu by my friends. / My friends call me Jinsu.**
나를 진수라고 불러 주세요.	**Please call me Jinsu.**
우리에게는 미들네임이 없습니다.	**We don't have middle names.**

✱✱ 오랜만에 만난 사람과

오랜만이네요.	**It's been a long time.**
오랜만이네.	**Long time no see.**
전에 만난 게 언제였죠?	**When did I see you last time?**
10년 만에 만난 거예요.	**I haven't seen you for ten years.**
오랫동안 보지 못했어.	**I haven't seen you for ages.**
시간 정말 빠르네.	**Time flies.**
어떻게 지냈어요?	**How have you been?**
어떻게 지내고 있어?	**How are you getting along?**
뭐하고 지냈어?	**What have you been doing?**
어디 갔었어?	**Where have you been?**
또 만나서 기뻐요.	**Nice to see you again.**

전혀 변하지 않았네.	You haven't changed at all.
많이 변했네요.	You've changed a lot.
못 알아봤어요.	I could hardly recognize you.
잠시 떠나 있었어요.	I was out of town for a while.
가족들은 어때요?	How's your family?
오랫동안 연락을 못해 미안해요.	Sorry that I haven't contacted you for so long.
당신에 대해 신경 쓰고 있었어요.	I've been wondering how you're doing.
당신이 없어서 모두 쓸쓸했어요.	We've all missed you.

※※ 우연히 만난 사람과

세상 정말 좁네!	What a small world!
너무 놀랍다!	What a surprise!
아니, 이게 누구야!	Look, Who's here!
조지 아냐?	Aren't you, George?
당신 탐이지요?	You must be Tom.
너 선희 맞지?	Is that you, Sunhee?
여긴 웬일이야?	How did you get here?
여긴 어쩐 일이야?	What brings you here?
여기서 만나다니 뜻밖이에요.	It's a surprise to meet you here.
여기서 만날 거라고 상상도 못했어.	I never expected to see you here.
다시 만나서 반갑다.	I'm glad to see you again.
수지, 만나니 정말 반갑다.	It's really good to see you, Susie.
우리 예전에 만난 적 있지 않나요?	We've met before, right?
저를 아세요?	Do I know you?

그렇지 않아도 너를 만나고 싶었어.	You're just that man I wanted to see.
요즘 자주 만나게 되는 것 같네.	We seem to run into each other often, lately.
대체 어디 숨어 있었니?	Where have you been hiding?

✻ 다른 사람 소개

메리를 소개합니다.	I'd like you to meet Mary.
이쪽은 제 여동생, 주희예요.	This is my sister, Juhee.
제 친구를 소개하죠.	I'd like you to meet a friend of mine.
린다, 이쪽은 진우. 진우, 린다야.	Linda, this is Jin-woo. Jin-woo, Linda.
제프, 내 와이프야.	Jeff, meet my wife.
샐리와 만난 일이 있니?	Have you met Sally?
마이크, 수잔과 만난 건 처음이지?	Mike, I don't think you've met Susan.
아직 그와 만날 기회가 없었어요.	I haven't had the chance to met him yet.
너희들, 서로 인사는 했니?	Have you met ready?
너를 모두에게 소개할게.	I'll introduce you all round.
파커씨에게 소개시켜 주시겠습니까?	Could you introduce me to Mr. Parker?
당신 형과 인사하고 싶은데요.	I'd like to meet your broher.
리드씨의 소개로 왔습니다.	I'm here with an introduction from Mr. Reed.
너희들은 좋은 친구가 될 거라고 생각해.	I think you'll be good friends.
너희들, 잘 맞을 거라고 생각해.	I think you'll get along very well.
너희들 둘은 공통점이 많아.	You two have a lot in common.
너 그를 좋아하게 될 거야.	I'm sure you'll like him.

헤어질 때의 인사

안녕히 가세요.	Goodbye.
잘 가.	Bye.
다음에 봐.	See you later.
곧 보자.	See you soon.
내일 보자.	See you tomorrow.
나 갈게.	I'm off now.
나 가야 돼.	I have to go.
좋은 하루 보내.	Have a nice day.
좋은 주말 보내.	Have a nice weekend.
좋은 여행 되세요.	Have a nice trip.
휴가 재미있게 보내.	Have a wonderful vacation.
잘 보내!	Good luck!
너무 무리하지 마.	Don't work too hard.
몸조심해.	Take care.
여유를 가져.	Take it easy.
언제라도 들러.	Drop in any time.
만나서 반가웠어.	Nice meeting you.
부인한테 인사 전해 주세요.	Say hello to your wife for me.
하워드씨에게 안부인사 전해 주세요.	Please send my best regards to Mr. Howard.

한동안 만날 수 없는 사람과

작별인사하러 왔어요.	**I've come to say goodbye.**
언젠가 다시 만나요.	**Let's get together again sometime.**
당신과 알게 되어 정말 좋았어요.	**It was really nice to get to know you.**
당신을 그리워할 거예요.	**I'll miss you.**
계속 연락해요.	**Let's keep in touch.**
서로 연락 끊지 맙시다.	**Let's not lose our contact.**
언제라도 전화해요.	**Call me sometime.**
당신 새 주소를 알려 주세요.	**Let me know your new address.**
당신은 반드시 돌아올 거예요.	**You must come back.**
우리 언제 다시 보죠?	**When will we see each other again?**
내년에 다시 만나요.	**I'll see you next year.**
모든 일이 다 잘 되길 빌어요.	**Good luck in everything.**

단 어 basic words

대화 : **conversation / talk**
돌아오다 : **return / come back**
떠나다 : **leave**
만나다 : **meet**
만남 : **encounter**
모르는 사람 : **stranger**
밤 : **night**
소개 : **introduction**
소개하다 : **introduce**
아는 사람 : **acquaintance**
아침 : **morning**
안녕 : **bye**
안녕 : **hi**

안녕하세요 : **hello**
언젠가 : **someday**
오후 : **afternoon**
인사 : **greeting**
인사하다 : **greet**
자기소개하다 : **introduce oneself**
잘가 : **goodbye**
재회하다 : **meet again**
저녁 : **evening**
조만간 : **sometime**
친한 친구 : **one's best friend**
헤어지다 : **part**
헤어짐 : **farewell**

02 자신에 대해 말하다 Introduction

✽✽ 가족에 대해

저는 결혼했어요.	I'm married.
저는 독신이에요.	I'm single.
저 약혼했어요.	I'm engaged.
아이가 있으세요?	Do you have any children?
아들이 하나, 딸이 둘 있어요.	We have a son and two daughters.
아이는 없어요.	We don't have any children.
가족은 몇 명이세요?	How many people are there in your family?
부모님과 남동생, 그리고 저입니다.	My parents, my brother and myself.
저희 집은 대가족입니다.	I have a large family.
형제 자매가 있나요?	Do you have any brothers or sisters?
저는 형 한 명, 누나 한 명이 있어요.	I have a brother and a sister.
저는 외동이에요.	I'm an only child.
엄마와 저는 친구 같아요.	My mother and I are just like friends.
아들이 몇 살이에요?	How old is your son?
제 아들은 초등학교에 다녀요.	My son is in elementary school.
곧 아이가 태어날 거에요.	We're expecting a baby.
4월에 아이가 태어날 예정이에요.	The baby is due in April.
결혼한 지 3년 됩니다.	We've been married for three years.

❄❄ 출신지에 대해

어디 출신이세요?	Where are you from?
부산 출신이에요.	I'm from Busan.
고향은 인천이에요.	I was born in Incheon.
나는 부산에서 태어나 자랐습니다.	I was born and brought up in Busan.
서울에서 태어나 자랐어요.	I was born and raised in Seoul.
나는 태어난 이래 죽 서울에서 살고 있습니다.	I have lived in Seoul since I was born.
우리 가족은 제가 어렸을 때 광주로 이사했어요.	My family moved to Gwangju when I was a child.
나는 7살까지 한국 제2의 도시, 부산에서 살았습니다.	I lived in Busan, the second largest city in Korea until the age of 7.
고등학교까지는 대구에서 살았어요.	I lived in Daigu until I was in high school.
부모님은 아직 그곳에 살고 계세요.	My parents still live there.
저는 아직 그곳에 친구가 많아요.	I still have many friends there.
태어나서부터 계속 서울에 살고 있어요	I've lived in Seoul since I was born.
우리 식구는 본래 전주 출신이에요.	My family in originally from Jeonju.
아내와 저는 같은 고향 출신이에요.	My wife and I are from the same prefecture.
퇴직 후에는 고향에 돌아가고 싶어요.	I want to return to my hometown after I retire.

살고 있는 도시에 대해

어디 사세요?	Where do you live?
나는 서울에서 살고 있습니다.	I live in Seoul.
나는 서울 근교에서 살고 있습니다.	I live in the suburbs of Seoul.
우리 집은 서울에서 떨어져 있습니다.	My house is on the outskirts of Seoul.
서울은 한국에서 제일 큰 도시입니다.	Seoul is the largest city in Korea.
서울은 한국에서 제일 인구가 많은 도시입니다.	Seoul has the largest population in Korea.
나는 부산에서 북으로 50km 되는 시에서 살고 있습니다.	I live in a city fifty kilometers north of Busan.
한국 남부의 문화, 경제의 중심지인 부산에서 살고 있습니다.	I live in Busan, the economic and cultural center of southern Korea.
나는 관광명소가 많이 있는 경주에서 살고 있습니다.	I live in Gyongju which has many sightseeing attractions.
우리 시는 많은 명승지가 있는 것으로 유명합니다.	Our city is famous for its particularly beautiful spots.
우리 도시에는 유명한 절이 많습니다.	Our town has a lot of famous temples.
내가 사는 도시는 바다 옆에 있습니다.	The town I live in is near the sea.
내가 살고 있는 도시는 온천으로 유명합니다.	Our town is famous for hot springs.
우리 도시는 한국에서도 가장 유명한 온천지 중 하나입니다.	Our town is one of the most famous hot spring resorts.
나는 대전시의 조용한 주택가에서 살고 있습니다.	I live in a quiet residential are of Daegeon City.
내가 살고 있는 도시는 인천과 수원 사이에 있습니다.	The town I live in is between Incheon and Suwon.

나는 한국의 남쪽에 있는 섬인 제주도에서 살고 있습니다.	**I live in Jejudo, the southern island of Korea.**
우리 가족은 아버지 대부터 대구에서 살고 있습니다.	**My family has been living in Daegu since my father's time.**
나는 강원도 동부에 위치한 강릉에서 살고 있습니다.	**I live in Gangrung situated in the eastern part of Gangwondo.**
나는 공업 지역에 있는 도시에 살고 있습니다.	**I live in a town in the industrial area.**
우리 도시는 겨울의 대설 지역으로 유명합니다.	**Our town is famous for its heavy snow in winter.**
당신이 사는 도시의 인구는 어느 정도입니까?	**What is the population of your town?**
내가 사는 도시의 인구는 10만입니다.	**Our city has a population of about 100,000.**
내가 사는 곳은 인구 1000만의 대규모 도시입니다.	**I live in a large city which has a population of ten million people.**
내가 사는 곳은 대략 3천 명 밖에 살지 않습니다.	**The town I live in is inhabited by only about 3,000 people.**
우리 도시는 지난 수년 동안 인구가 조금 감소했습니다.	**The population of our town has decreased a little in the last few years.**
큰 산의 기슭에 있는 우리 마을은 집이 50호 정도 되는 부락입니다.	**Our village, located at the foot of a big mountain, is a community of fifty homes.**
그러나 우리 시의 치안은 상당히 잘 되어 있습니다.	**But the public order in our city is very well maintained.**
우리 도시의 인상이 어떻습니까?	**What is your impression of our town?**

✲✲ 주거 환경에 대해

당신은 어떤 곳에서 살고 있습니까?	What kind of area do you live in?
당신은 도회지에 살고 있습니까 아니면 시골에서 삽니까?	Do you live in a big city or in the country?
교외에 살고 있어요.	We live in a suburb.
도시 중심부에 살고 있어요.	We live in the downtown area.
시골에 살아요.	We live in the countryside.
우리 집은 도시 중심부에 있습니다.	My house is located in the center of town.
우리 집은 자연으로 둘러싸인 조용한 지역에 있습니다.	My house is in a quiet area, surrounded by nature.
우리 집은 많은 녹색 식물로 둘러싸여 있습니다.	There is plenty of greenery around my house.
우리 집은 큰 강에 면한 제방 근처에 있습니다.	My house is near the bank facing a big river.
우리 집은 바다를 내려다보는 언덕 위에 있습니다.	My house stands on a hill overlooking the sea.
집 뒤 언덕에서 보이는 바다 경치는 최고입니다.	We have a wonderful view of the sea from the hill behind my house.
나는 사방팔방 작은 산으로 둘러싸인 농촌에 살고 있습니다.	I live in an agricultural village surrounded on all sides by hills.
우리 마을은 보이는 것이 온통 논뿐입니다.	There are rice fields as far as the eye can reach in our village.
우리 도시는 산으로 둘러싸여 있어서 북쪽에서의 차가운 바람이 전혀 들어오지 않습니다.	Our town is sheltered from northern cold winds by the hills on all sides.
우리 도시는 낙동강 하구에 있습니다.	Our town is situated at the mouth of the River Nagdong.

내가 사는 곳은 도회지가 가까운 것에 비하면 시골 같은 곳입니다.	The place I live in is country field considering that it is close to town.
우리는 중심가에 살고 있어서, 이웃으로 둘러싸여 있습니다.	We live downtown and our house is boxed in by our neighbors.
전 여기 산 지 5년이 되어요.	I've lived here for five years.
전 이 이웃이 마음에 들어요.	I like this neighborhood.
조용한 주택가에요.	It's a quiet residential area.
제 집은 역에서부터 걸어 10분 정도 걸려요.	My place is about ten minutes on foot from the station.
가장 가까운 역은 혜화역이에요.	The nearest station from my place is Hyehwa Station.

❉ 주거 시설에 대해

아파트에 살고 있어요.	I live in an apartment.
빌라에 살아요.	I live in a condominium.
집을 한 채 가지고 있어요.	We own a house.
사택에 살고 있어요.	We live in a company residence.
우리 집은 빌라입니다.	Our home is a condominium.
우리 집은 빌라의 10층입니다.	Our house is on the 10th floor of a condominium.
나는 공영 아파트에서 살고 있습니다.	I live in an apartment provided by the council.
내가 살고 있는 아파트는 시영(市營)입니다.	The apartment I live in is managed by the metropolitan government.
10층짜리 아파트 5층에서 살고 있습니다.	I live on the fifth floor of a ten-storied apartment.
제 아파트에서는 애완동물을 기를 수 없어요.	I'm not allowed to keep a pet in my apartment.

우리는 개 두 마리를 길러요.	We have two dogs.
우리는 한옥 집에서 살아요.	We live in a Korean-style house.
우리 집은 지은 지 30년 됐어요.	Our house is 30 years old.
우리 집은 목조로 된 단층집입니다.	My house is built of wood and is of one story.
우리는 2층짜리 목조 주택에서 살고 있습니다.	We live in a two-storied wooden house.
우리 집은 2층짜리 철근 주택입니다.	Our house is of reinforced concrete with two stories.
우리 집은 단독 주택인데, 근처 다른 집들과 마찬가지로 정원이 거의 없습니다.	Even though we live in a house, we hardly have any garden at all like the rest of the houses in my neighborhood.
우리 집은 침실 셋, 거실과 부엌이 각각 하나입니다.	We have three bedrooms, a living room and a dining-kitchen in our house.
우리는 셋집에서 살고 있습니다.	We live in a rented house.
나는 지금 셋집을 찾고 있는 중입니다.	I'm now hunting for a house to rent.
내 방은 2층인데 남쪽에 면하고 있습니다.	My room is on the second floor, facing the south.
제일 햇빛이 잘 드는 방을 사용하고 있습니다.	I have a room which gets the most sunshine.
우리 집에는 방이 일곱 개가 있어서 우리한테는 충분한 넓이입니다.	Our house is large enough for us, because there are seven rooms.
나는 형과 방을 같이 쓰고 있습니다.	I share a room with my elder brother. / My elder brother and I share a room.
우리 집 뒤 뜰에는 다양한 종류의 꽃들이 심어져 있습니다.	We have various kinds of flowers in our backyard.
그것들은 사계절에 따라 그때 그때 꽃을 피워 우리들의 눈을 즐겁게 해줍니다.	They blossom in different seasons and gladden our eyes.

이사에 대해

이번 일요일에 현 주소를 떠납니다.	I'm moving out from the present address next Sunday.
새 집이 완성되었기 때문에 내주 적당한 때에 우리는 그쪽으로 옮깁니다.	Our new residence has been completed and we'll move there sometime next week.
우리는 2개월 후에 영동 지역으로 이사합니다.	We are planning to move to the Yongdong region in two months.
당신이 이 편지를 받을 때쯤에는 나는 이미 새 주소로 옮긴 후일 것입니다.	I'll have moved to the new address by the time you get this letter.
우리는 지난주, 아래 주소로 이사했다는 사실을 알려 드립니다.	Allow me to inform you that we moved to the following address last week.
작년에 부산에서 이사 왔어요.	I moved from Busan last year.
우리의 새 주소는 다음과 같습니다.	Our new address is the following.
우리의 새 주소는 우편번호 135-806, 서울 강남구 개포동 경남아파트입니다.	Our new address is : Gyungnam Apt. Gaepo-dong Gangnam-gu, Seoul 135-806.
재건축을 생각중이에요.	We're thinking about rebuilding our house.
다른 곳으로 이사하고 싶어요.	I want to move somewhere else.

나이에 대해

저는 현재 38세입니다.	I'm thirtyeight years old now.
저는 다음 달에 22살이 됩니다.	I'll be twentytwo years old next month.
저는 6월 10일로 20살이 됩니다.	I'm going to be 20 years old on June 10.

저는 27살이지만, 이제 곧 28살이 됩니다.	I'm twentyseven going on twentyeight.
저는 당신과 같은 나이입니다.	I'm the same age as you are. / I'm as old as you are.
저는 당신과 같은 28살입니다.	I'm twentyeight, the same age as you.
저는 11월 20일에 당신과 같은 나이가 됩니다.	I'll be as old as you on November 20.
저는 당신보다 두 살 연상입니다.	I'm two years older than you. / I'm senior to you by two years.
저는 당신보다 다섯 살 연하입니다.	I'm five years younger than you. / I'm junior to you by five years.
곧 30이 된다니 믿어지지 않아요.	I can't believe that I' pushing 30.

생일에 대해

저는 1970년 7월 4일에 태어났습니다.	I was born on July 4, 1970.
내 생일은 5월 7일입니다.	My birthday is May 7.
내 생일은 3월 28일로, 산양자리입니다.	My birthday is March 28 and I'm an Aries.
당신의 생일은 언제입니까?	When is your birthday?
당신은 언제 태어났습니까?	When were you born?

신체 조건에 대해

키가 얼마예요?	How tall are you?
내 키는 170cm입니다.	I'm 170 centimeters tall. / My height is 170 centimeters.
저는 보통 키입니다.	I'm of average height.

저는 키가 큽니다.	I'm tall.
좀더 키가 크면 좋겠어요.	I wish I were taller.
저는 키가 작고 말랐습니다.	I'm short and thin.
스무 살의 남자로는 평균입니다.	I'm average size for a 20 year old man.
저는 중간 키에 중간 체격입니다.	I'm of average height and weight.
저는 여자로서는 키가 큽니다.	I'm tall for a girl.
저는 나이에 비해 키가 작습니다.	I'm short for my age.
체중은 어느 정도예요?	How much do you weigh?
65킬로그램 정도예요.	I weigh about 65 kilograms.
저는 마른 편입니다.	I'm thin.
저는 뚱뚱한 편입니다.	I'm rather on the fat side.
저는 살이 많이 쪘습니다.	I'm overweight.
전 단단한 체격이에요.	I'm sturdy.
저는 신장에 비해 체중이 좀 나갑니다.	I'm rather overweight for a person of my height.
저는 같은 연령의 남자에 비해 체중이 나갑니다.	I'm rather heavy for a man of my age.
저는 지난 1년간 10킬로나 살이 쪘습니다.	I increased my weight by 10 kilograms in the last year.
좀더 늘씬한 체격이 되고 싶어요.	I want to be more slender.

✹✹ 얼굴에 대해

전 얼굴이 길어요.	I have a long face.
전 갸름한 얼굴형이에요.	My face is oval-shaped.
제 얼굴형은 사각이에요.	The shape of my face is square.

저는 아버지의 모습을 물려받았습니다.	I have inherited my father's looks.
저는 엄마를 닮았습니다.	I look like my mother.
언니와 저는 많이 닮았어요.	My sister and I look alike.
실제 나이보다는 젊어 보이는 것 같아요.	Maybe I look younger than I really am.
저는 이마가 넓습니다.	I have a broad forehead.
전 이마가 좁아요.	My forehead is narrow.
저는 여드름이 있습니다.	I have pimples.
전 주근깨가 있어요.	I have freckles.
저는 뺨에 보조개가 있습니다.	I have dimples on my cheeks.
웃으면 보조개가 생깁니다.	The dimples come out on my cheeks when I smile.
저는 잘생겼다고 생각하지 않습니다.	I don't think I'm good-looking.
제 친구는 제가 미인이라고 합니다.	My friends say that I'm beautiful.
저는 근시입니다.	I'm short-sighted.
저는 원시입니다.	I'm long-sighted.
저는 평상시 안경을 씁니다.	I usually wear glasses.
저는 안경 대신 콘택트렌즈를 착용합니다.	I wear contact lenses instead of glasses.
운전할 때는 안경이 필요해요.	I need glasses when I drive.
제 매력 포인트는 예쁜 눈이라고 생각합니다.	I think my best feature is my bright eyes.
저는 홑꺼풀입니다.	My eyelids are single.
제 코는 주먹코입니다.	My nose is big and round.
제 코는 납작합니다.	I have a flat nose.

저는 멋진 모양의 코를 가지고 있습니다.	I have a shapely nose.
저는 매부리코입니다.	I have a beak nose.
저는 제 치열이 싫습니다.	I don't like the layout of my teeth.
저는 치열교정을 하고 있습니다.	I have braces on my teeth.
저는 치열교정을 했습니다.	I had my teeth straightened.
타고난 곱슬머리예요.	I have naturally wavy hair.
갈색으로 염색했어요.	I have my hair dyed brown.
흰머리가 있어요.	I've got gray in my hair.
최근 눈에 띄게 흰머리가 늘고 있습니다.	My hair is turning gray lately.
콧수염을 기르고 있습니다.	I have a mustache.

❋ 성격에 대해

당신은 어떤 성격이에요?	What kind of personality do you have?
저는 아주 꼼꼼합니다.	I'm very precise.
천성적으로 수줍음을 잘 탑니다.	I'm shy by nature.
내성적인 편이에요.	I'm sort of shy.
낯을 가려요.	I'm shy with strangers.
마음을 여는 데 시간이 걸려요.	I need time to open up.
그다지 사교적이지는 않아요.	I'm not really sociable.
외출하는 것보다 집에 있는 것을 좋아합니다.	I prefer staying at home rather than going out.
이전에 비해서는 꽤 사교성이 생겼어요.	I'm much more outgoing now than I used to be.
좀더 적극적인 편이 좋다고 생각해요.	Maybe I should be more active.

전 쾌활하고 사교적이에요.	I'm a cheerful and out going.
보기보다 덜렁대는 성격입니다.	I'm more careless than I look.
무슨 일에나 금방 싫증을 냅니다.	I get easily tired of everything.
조금 말이 많습니다.	I'm a little bit talkative.
저는 제 자신이 과묵하다고 생각합니다.	I think I'm a person of few words.
얌전한 편입니다.	I'm rather quiet.
저는 누구하고나 잘 지냅니다.	I can get on well with everybody.
누구하고나 스스럼없이 이야기를 나눕니다.	I talk quite freely with everybody.
손재주가 없는 사람입니다.	I'm a bungler.
손재주가 있어서 무엇이든 할 수 있습니다.	I can turn my hand to anything.
한 번에 두 가지 일을 할 수 있습니다.	I can do two things at the same time.
잘 웃는 성격입니다.	I'm a laugher.
전 책임감이 강한 사람입니다.	I have a strong sense of responsibility.
내향적인 성격입니다.	I'm introverted.
외향적 성격이에요.	I'm extroverted.
기본적으로는 낙천가입니다.	Basically, I'm optimistic.
사람들과 이야기하는 것을 좋아합니다.	I like to talk with people.
저는 장남이기 때문에 견실하다는 말을 듣습니다.	I'm the oldest boy in my family and am said to have firmness of character.
독립심이 강합니다.	I'm independent.
저는 깨끗한 걸 좋아합니다.	I keep myself neat and clean.
눈물이 많은 성격입니다.	I'm easily moved to tears.
보기에는 냉정한 현실주의자이지만, 실제로는 다정다감합니다.	I look like a cool realist, but I'm at heart a sentimentalist.

사람과 만나다

자신에 대해 말하다

사람들을 돌보는 것을 좋아합니다.	I like to take care of people.
사람들은 내게 음울한 면이 있다고 합니다.	People say that I have a dark side.
그러나 그것은 견해상의 문제라고 생각합니다.	But I think it's a matter of opinion.
좀 성격이 급한 편입니다.	I'm a little impatient.
완벽주의자입니다.	I'm a perfectionist.
결단이 빠른 편입니다.	I'm quick to make decisions.
가끔 우유부단한 면이 있어요.	Sometimes, I'm slow to make up my mind.
시간을 지키는 편입니다.	I'm fairy punctual.
다른 사람이 저를 어떻게 생각하는지에 민감합니다.	I'm sensitive to how other people think of me.

✱✱ 직업에 대해

하시는 일이 뭐예요?	What's your job?
저는 서울의 백화점에서 일합니다.	I work for a department store in Seoul.
장난감 매장을 담당하고 있습니다.	I'm in charge of a toy section.
ABC 회사에서 근무하고 있습니다.	I work for ABC company.
컴퓨터 회사 사원입니다.	I'm an employee of a computer company.
컴퓨터 기술자입니다.	I'm a computer engineer.
컴퓨터 관계 일을 하고 있어요.	I'm in the computer business.
자동차 회사에서 기술자로 일하게 되었습니다.	I just got a position as an engineer at an automobile company.

영업맨이에요.	I'm a sales representative.
저는 부동산 회사에서 영업을 하고 있습니다.	I work as a sales person for a real estate company.
전 은행원이에요.	I'm a banker.
대학을 나온 후 계속 하나은행에서 일하고 있습니다.	I've been working for Hana Bank since I finished college.
공무원입니다.	I'm a government employee.
부산에서 무역상을 하고 있습니다.	I'm in the export-import business in Busan.
무역회사에서 사무원으로 일하고 있습니다.	I work for a trading company as a clerk.
고등학교에서 영어 교사를 하고 있습니다.	I teach English at a high school.
아버지의 뒤를 이어 현재 여러 가지 야채를 재배하고 있습니다.	I inherited my father's occupation, and I grow various kinds of vegetables now.
큰 여행 대리점에서 일한 지 금년으로 5년이 됩니다.	This is my fifth year at a big travel agency.
파트타임으로 일하고 있어요.	I'm working part-time.
직업을 바꿀까 생각하고 있습니다.	I'm thinking about changing my job.
지난 달에 10년 동안 일했던 증권회사를 그만두었습니다.	Last month I left a stock company for which I had worked for ten years.
지금은 일하지 않습니다.	I'm not working now.
실업중입니다.	I'm out of work now.
일을 찾고 있는 중입니다.	I'm looking for a job.

✶✶ 직장에 대해

회사는 어디에 있어요?	Where's your office?
회사는 서울역 근처예요.	My office is near Seoul Station.
출근은 어느 정도 걸려요?	How long does it take to commute?
그 일에 종사한 지 얼마나 되었나요?	How long have you been doing that job?
아직 신참이고 배울 게 많아요.	I'm still new and have a lot of things to learn.
지금 일이 마음에 들어요.	I like my job.
자주 잔업을 합니다.	I often work overtime.
과장으로 승진했습니다.	I have been promoted to section chief.
몇 년 후면 정년이에요.	I'll retire in a few years.
우리 회사는 5일근무제입니다.	My company is on a five-day working week.

✶✶ 학교에 대해

저는 학생이에요.	I'm a student.
대학생입니다.	I'm a college student.
법학부입니다.	I'm in the Law School.
역사를 전공하고 있어요.	I'm majoring in history.
교사 자격을 따기 위해 공부하고 있습니다.	I'm studying to get a teacher's licence.
전문학교에 다니고 있어요.	I go to a vocational school.
회계학을 공부하고 있어요.	I study accounting.
대학 수험 공부중이에요.	I'm preparing for the entrance examination for a university.

어느 학교에 다녀요?	What school do you go to?
동국대학교에 다니고 있어요.	I go to Dongguk University.
몇 학년입니까?	What year are you?
4학년이에요.	I'm a senior.
내년에 졸업할 거예요.	I'll graduate next year.
대학원생입니다.	I'm in graduate school.
대학원에 가려고 생각하고 있어요.	I'm thinking about going to graduate school.
고등학생 가정교사를 하고 있어요.	I'm tutoring a high school student.
경희대학교 출신입니다.	I went to Kyounghee University.
충북대학교를 졸업했습니다.	I graduated from Chungbuk University.
경남대학교에서 석사 학위를 받았습니다.	I got a master's degree from Kyungnam University.
외국에서 공부하고 싶어요.	I want to study abroad.
미국 유학을 계획하고 있습니다.	I'm planning to study in the United States.
가까운 장래에 유학을 가고 싶습니다.	I want to study abroad in the near future.
미국 문화를 연구하기 위해 뉴욕으로 유학을 가고 싶습니다.	I want to go to New York to study American culture.

❋❋ 장래 희망에 대해

디자이너가 되기 위한 공부를 하고 있습니다.	I'm studying to be a designer.
패션업계에서 일하고 싶어요.	I want to work in the fashion industry.
대학을 졸업하면 변호사가 될 생각입니다.	I'm going to be a lawyer after I leave college.
외국에서 근무하고 싶어요.	I want to work abroad.

항공회사에 취직하고 싶습니다.	I want to get a job at an airline.
아버지가 영어교사라서 저도 교사가 되려고 합니다.	As my father is a teacher of English, I'll be a teacher, too.
글쓰기를 좋아해서 가능하면 소설가가 되었으면 합니다.	As I love writing, I want to be a novelist, if possible.
내 포부는 의사가 되는 것입니다.	My ambition is to be a doctor.
왜냐하면 사람의 생명을 구할 수 있기 때문입니다.	Because I can save people's lives.
저는 가수가 되고 싶지만, 부모님께서 그 생각에 반대하고 계십니다.	I want to be a singer, but my parents are opposed to the idea.
저는 대학에서 저널리즘을 공부해, 장래에는 신문사에서 일해 보고 싶습니다.	I'd like to study journalism at a university and get a job at a newspaper company.

단 어 basic words

●●성격
가정적인 : **domestic**
감수성이 예민한 : **sensitive**
거만한 : **proud**
겁 많은 : **timid**
게으른 : **idle / lazy**
경솔한 : **indiscreet**
고지식한 : **serious**
고집 센 : **hard-headed**
관대한 : **generous**
교양이 있는 : **cultured**
교활한 : **cunning / sly**
근면한 : **hardworking**
근면한 : **industrious**
꼼꼼한 : **punctual**
끈기 있는 : **guts**
끈기 있는 : **persistent**
나서기 잘하는 : **pushy**

내향적인 : **introvert**
냉담한 : **cold-hearted**
느낌이 좋은 : **pleasant**
마음이 넓은 : **broad-minded**
마음이 대범한 : **a generous heart**
마음이 따뜻한 : **warm-hearted**
매력적인 : **charming**
머리가 좋은 : **smart / bright**
믿음직한 : **reliable**
밝은 : **cheerful**
방향 감각이 없는 : **no sense of direction**
분별 있는 : **good judgment**
불친절한 : **unfriendly**
불쾌한 : **unpleasant**
붙임성 있는 : **friendly**
사교적인 : **outgoing / sociable / extrovert**
사근사근한 : **agreeable**
상상력이 풍부한 : **a rich imagination**

성격 : **personality**
수다스러운 : **talkative**
수줍음 타는 : **shy / bashful**
순진한 : **naive**
신경질적인 : **nervous**
신중한 : **careful**
약삭빠른 : **clever**
양심적인 : **conscientious**
예의 바른 : **polite**
예의를 모르는 : **no manners**
온화한 : **tender / gentle**
우아한 : **elegant**
유능한 : **capable / competent**
유머가 안 통하는 : **no sense of humor**
유머가 풍부한 : **a good sense of humor**
유쾌한 / 매혹적인 : **delightful**
융통성 있는 : **flexible**
이중인격인 : **a split personality**
인색한 : **miserly / cheap**
자기본위인 : **egoistic**
자기중심적인 : **self-centered**
재미있는 : **funny**
정열적인 : **passionate**
정직한 : **honest**
제멋대로인 : **spoilt**
조급한 : **impatient**
조심성 있는 : **humble / modest**
조용한 : **quiet**
지각 있는 : **understanding**
지기 싫어하는 : **a competitive spirit**
총명한 : **intelligent**
추잡스러운 : **obscene**
충동적 성격인 : **a flashy personality**
친절한 : **kind**
침울한 : **gloomy**
쾌활한 : **cheerful**
탐욕스러운 : **greedy**
태평스러운 : **easygoing / careless**
태평한 : **easygoing**
평범한 : **ordinary**
합리적인 : **rational**

현명한 : **wise**
호기심이 왕성한 : **a strong sense of curiosity**
활발한 : **lively**

●● 외모
근시의 : **nearsighted**
날씬하다 : **slender**
뚱뚱하다 / 마르다 : **fat / thin**
(체중이)많이 나가다 / 적게 나가다 : **overweight / underweight**
외모 : **appearance**
체중 : **weight**
콧수염 : **mustache**
키 : **height**
부(部)과장 : **vice president**
전무이사격 : **senior managing**
상무이사격 : **executive managing director**
감사 : **auditor**
상담역 : **counselor / senior (corporate) advisor**
고문 : **corporate advisor**
부장대리 : **deputy general manager**
차장 : **deputy[assistant] director**
과장 : **manager / section chief**
과장대리 : **deputy manager / deputy section chief**
과장보좌 : **assistant manager**
계장 : **chief clerk**
비서 : **secretary**
사장 비서 : **secretary to the president**
공장장 : **plant manager**
지점장 : **branch manager**
정무차관 : **Parliamentary vice minister**
사무차관 : **Administrative vice minister**
육상(해상, 항공) 자위관 : **ground[maritime, air] self-defence official**
역장 : **station master**
경찰서장 : **police chief / the head[chief] of a police station**
(조)교수 : **(assistant) professor**

비상근강사 : **part-time lecturer**
전임강사 : **full-time lecturer**
편집장 : **editor-in-chief**
부편집장 : **assistant chief-editor**
키가 크다 / 키가 작다 : **tall / short**
턱수염 : **beard**

●●학교, 회사
구직활동 : **job hunting**
전문학교 : **vocational school**
전공(하다) : **major**
졸업하다 : **graduate**
아르바이트 : **part-time job**
일 : **job / work**
직업 : **occupation**
본부 · 사업부 : **Division**
부(部) : **Department**
과(課) : **Section**
광고부[과] : **the Advertising Department[Section]**
영업 : **Business / Sales**
영업소 : **Sales Office**
영업본부 : **Consumer Sales Division**
해외 : **Overseas**
관리 : **Management**
기획 : **Planning**
기술 : **Technical / Engineering**
경리/회계 : **Accounting / Accounts**
연구개발 : **Research & Development(R&D)**
연구소 : **Laboratory / Research Institute**
감사 : **Internal Auditing**
홍보 : **Public Relations**
자회사 : **Subsidiary Company**

국제 : **International**
서비스 : **Consumer Service**
재무 : **Finance**
지점 : **Branch Office**
사장실 : **President's Office**
상품개발 : **Product Development**
인사 : **Personnel**
제조 : **Production / Manufacturing**
광고 : **Advertising**
총무 : **General Affairs / Administrative**
조사 : **Research**
통신 : **Communications**
판매 : **Sales / Marketing & Sales**
판매 촉진 : **Sales Promotion**
비서실 : **Secretariat**
무역 : **Foreign Trade**
무역 본부 : **Export Administrative Division**
법무 : **Legal / Law**
본사 : **Head Office / Main Office / Headquarters[HQ]**
수출 : **Export**
수입 : **Import**
노사관계 : **Labor Relations**
이사, 중역 : **director**
대표이사 : **chief executive officer(CEO)**
이사역 회장 : **chairman[chairperson] (of the board of directors)**
이사역 부회장 : **vice chairman (of the board of directors)**
이사역 회장 : **president / company executive**(중소기업)
이사역 부사장 : **executive vice president**

PART 3

흥미거리에 대해 말하다
Talk about Topics

What is your hobby? Do you have any hobbies? What's your favorite pastime? Do you have any particular hobbies? What do you do when you have free time? What do you do for recreation? What do you do for fun? What are your interests? We have much in common in hobbies. I have no particular hobbies. I have a lot of hobbies. I easily warm up and cool down. My hobby is reading novels. I devote my free time to reading. I'm a bookwarm. What is your favorite genre? I love detective novels. I'm really into love stories. 'm interested in English literature. My favorite author is John Steinbeck. I've read all of his works.

01 취미 Hobbies

** 취미에 대해

취미가 뭐예요?	What is your hobby?
당신에게 취미가 있습니까?	Do you have any hobbies?
당신의 소일거리는 무엇입니까?	What's your favorite pastime?
특별한 취미가 있습니까?	Do you have any particular hobbies?
한가로울 때 무엇을 하십니까?	What do you do when you have free time?
기분전환으로 무엇을 하세요?	What do you do for recreation?
심심풀이로 무엇을 하세요?	What do you do for fun?
어떤 것에 흥미를 갖고 계신지요?	What are your interests?
당신과 나는 취미 면에서 공통된 점이 있습니다.	You and I have something in common in the field of hobbies.
우리는 취미 면에서는 거의 같습니다.	We have much in common in hobbies.
특별한 취미는 없습니다.	I have no particular hobbies.
저는 취미가 다양합니다.	I have a lot of hobbies.
저는 쉽게 열중하고 쉽게 식습니다.	I easily warm up and cool down.
왠지 무엇을 해도 오래 지속하질 못합니다.	I don't know why, but I can never bring myself to stick to anything.
제 취미는 대체로 당신과 같습니다.	My hobbies are almost the same as yours.

독서

내 취미는 소설을 읽는 것입니다.	My hobby is reading novels.
나는 짬이 날 때마다 독서로 시간을 보냅니다.	I devote my free time to reading.
저는 책벌레예요.	I'm a bookwarm.
가장 좋아하는 장르는 무엇인가요?	What is your favorite genre?
탐정 소설을 아주 좋아합니다.	I love detective novels.
미스터리 소설을 상당히 많이 가지고 있습니다.	I have a large collection of mystery novels.
저는 로맨스 소설에 빠져 있습니다.	I'm really into love stories.
영문학에 흥미를 가지고 있습니다.	I'm interested in English literature.
특히 현대 미국 문학을 좋아합니다.	Especially I like contemporary American literature.
내가 좋아하는 작가는 존 스타인벡입니다.	My favorite author is John Steinbeck.
나는 지금 그의 작품을 사전의 도움을 빌려 읽고 있습니다.	I'm now reading his works with the help of my dictionary.
그의 작품은 모두 읽었습니다.	I've read all of his works.
현재, 샐린저의 《호밀밭의 파수꾼》을 읽고 있습니다.	I'm now reading The Catcher in the Rye by Jerome David Salinger.
나는 장편소설보다는 단편소설 쪽을 좋아합니다.	I rather prefer short stories to novels.
나는 시는 거의 읽지 않습니다.	I hardly read poetry.
최근에는 너무 바빠서 책을 읽을 시간이 없습니다.	As I am very busy, I have no time to read books.

매달 미국의 영화잡지를 정기구독하고 있습니다.	I subscribe to the American movie magazine every month.
1개월에 200달러 정도를 책값으로 쓰고 있습니다.	I spend about two hundred dollars for books a month.
젊은 사람들 사이에서는 만화책이 인기입니다.	Young people enjoy comic books.
지금, 한국에서는 코미디언이 쓴 책이 화제가 되고 있습니다.	A book written by a comedian has been the topic of conversation these days in Korea.
당신은 어떤 책을 읽습니까?	What kind of books do you read?
당신 나라의 젊은이들 사이에서는 어떤 책이 읽혀지고 있습니까?	What kind of books are read among the young people in your country?
당신 나라의 대학생들 사이에서는 누구의 소설이 제일 인기가 있습니까?	Whose novel is the most popular among college students in your country?
책을 많이 읽으세요?	Do you read a lot?
매달 두 권 정도의 소설을 읽어요.	I read about two novels a month.
1년에 30권 이상의 책을 읽어요.	I read more than thirty books a year.

✽✽ 영화

영화 보는 것을 좋아합니다.	I like watch movies.
나는 영화광입니다.	I'm crazy about movies.
영화를 자주 보러 가나요?	Do you go to the movies very often?
나는 한 달에 두세 편의 영화를 봅니다.	I see two or three movies a month.
어떤 종류의 영화를 좋아해요?	What kind of movies do yo like?
나는 미국 영화, 특히 액션물을 아주 좋아합니다.	I love American movies, especially action films.

공포 영화를 자주 봅니다.	I often watch horror movies.
대개 헐리우드 영화를 봅니다.	I mostly watch Hollywood movies.
당신도 영화를 좋아한다는 것을 알게 되니 정말 기쁩니다.	I'm so happy to know that you also like movies.
내가 제일 좋아하는 영화는 눈물 흘리게 하는 최루성영화입니다.	I like tearjerkers best.
나는 외국 영화보다 우리나라 영화를 더 좋아합니다.	I like domestic movies better than foreign ones.
최근에 재미있는 영화를 봤나요?	Have you seen any good movies lately?
한동안 영화를 보지 않았어요.	I haven't seen any movies for a while.
이전엔 자주 갔지만 요즘은 시간이 없어서요.	I used to go often, but I just don't have time now.
좋아하는 여자배우가 누구예요?	Who is your favorite actress?
나는 전에, 비비안 리 주연의 '바람과 함께 사라지다'를 보고 감동받았습니다.	I was moved by The Gone with the Wind starring Vivien Leigh the other day.
나는 그녀의 주연 영화는 전부 보았습니다.	I have seen all of her films.
나는 그 영화를 다섯 번이나 보았습니다.	I saw the movie five times.
나는 그저께 '헬 레이저'라는 영화를 보았습니다.	I saw a movie entitled Clive Barker's Hellraiser the day before yesterday.
그것은 굉장히 무서운 영화였기 때문에 그날 밤에는 한동안 잠을 잘 수 없었습니다.	It was such a scary movie that I could not go to sleep for a while that night.
지금까지 중에 제일 좋았던 영화는 '데이브'입니다.	The movie I enjoyed most so far is Dave.
'이탈리안 잡'이라는 영화에는 실망했습니다.	I was disappointed with the movie, Italian Job.

3 Part 흥미거리에 대해 말하다

취미

우리는 대부분 외국 영화를 한글 자막으로 보고 있습니다.	We usually enjoy foreign movies with Korean subtitles on them.
내 오락은 비디오로 영화를 보는 것입니다.	My favorite pastime is to watch video movies.
비디오 가게가 우리 집 근처에 있어서 아주 편리합니다.	As there is a rental video shop in my neighborhood, it's very convenient for me.
오늘 밤에 영화 보러 갑시다.	Let's go to see a movie tonight.

TV

나는 TV로 영화 보는 것을 좋아합니다.	I like to see movies on T.V.
어젯밤, 오드리 헵번의 '마이 페어 레이디'를 TV로 보았습니다.	I saw Audrey Hepburn's My Fair Lady on T.V. last night.
어떤 TV 프로그램을 좋아하세요?	What kind of TV programs do you like?
내가 좋아하는 TV 프로그램은 '풀 하우스' 입니다.	My favorite TV program is Full House.
나는 저녁식사 후 TV로 매일 시추에이션 코미디를 보고 있습니다.	After supper, I watch situation comedies on TV every day.
나는 매일, 아침 6시에는 TV를 켜서 뉴스 프로를 봅니다.	I turn on the TV at 6 a.m. every day and watch a news program.
그 이유는 세계의 최신 뉴스를 볼 수 있기 때문입니다.	So that I can catch up with what's going on around the world.

여행

여행을 좋아합니다.	I like to travel.
매년 해외여행을 갑니다.	I travel abroad almost every year.

내년에는 이탈리아 여행을 계획하고 있어요.	I'm planning to go to Italy next year.
온천에는 자주 갑니다.	I often go to hot springs.
전 혼자 하는 여행을 좋아합니다.	I like traveling alone.
이번 여행의 목적은 맛있는 음식을 즐기는 것입니다.	The purpose of this trip is to try delicious dishes.
방문한 지역에서 새로운 사람들과 만나고, 의견 교환을 하는 것은 큰 이익이 됩니다.	It's very educational to see new people and exchange opinions in the places I visit.
제일 흥미를 가지고 있는 것은 해외여행입니다.	What I'm most interested in is traveling abroad.
태어나서 아직 한 번도 외국에 가본 적이 없습니다.	I have never been to foreign countries in my life.
올 여름에는 미국 각지를 방문해 볼 계획입니다.	I'm planning to visit various places in the U.S.A. this summer.
우리는 파리에서 마음껏 쇼핑 여행을 하고 왔습니다.	We went on a free and easy shopping trip to Paris.
국내여행은 별로 좋아하지 않습니다.	I don't much like traveling within Korea.
왜냐하면 어디를 가나 교통체증이 심하기 때문입니다.	Because there are terrible traffic jams everywhere.
작년 여름에는 자전거로 강원도를 여행했습니다.	I went to the Gangwon region by bicycle last summer.
저한테는 자전거 여행보다 나은 여행은 없습니다.	To me there is no better way of traveling than going by bicycle.
경주의 작은 도심지를 자전거로 돌았습니다.	I went cycling around a small town in Gyungju.
나는 여행을 좋아하지만, 공부 때문에 생각대로 할 수 없습니다.	I'm fond of traveling, but my studies always interrupt me.

✸✸ 수집

당신은 무엇을 수집하고 있습니까?	What do you collect?
인형을 모으고 있습니다.	I collect dolls.
세계의 인형을 모으기 시작한 것은 불과 작년부터입니다.	It was only last year that I began to collect dolls from all over the world.
어린 시절부터 여러 가지 디즈니 상품을 모으고 있습니다.	I have been collecting all sorts of Disney goods since childhood.
전 세계의 동전을 많이 가지고 있습니다.	I have a large collection of coins from all over the world.
제 동전 컬렉션은 아직 조금밖에 안 됩니다.	My collection of coins is still small.
이미 100종류 정도 가지고 있습니다.	I already have about one hundred specimens.
한국의 동전과 미국 동전을 교환하고 싶은데요.	Would you like to exchange your American coins for my Korean coins?
저도 동전을 수집하고 있으니까 희망하신다면 기꺼이 몇 개 교환하겠습니다.	I also collect coins and would be pleased to exchange some, if you want.
12살 때부터 우표를 수집하고 있습니다.	I have been collecting stamps since I was twelve.
여름방학의 대부분을 곤충 채집, 특히 투구벌레를 채집하며 보냅니다.	I spend most of my summer vacation collection insects, especially beetles.
골동품에 열중해 있습니다.	I've been fascinated with antiques.
제 취미는 골동품 수집이에요.	My hobby is collecting antique.
골동품점을 돌아보는 걸 좋아해요.	I like to browse around antique shops.

그림, 사진

그림 그리기가 제 취미예요.	My hobby is painting.
전 수채화를 잘 그립니다.	I'm good in painting in water color.
유화를 아주 좋아합니다.	I'm very fond of painting in oils.
풍경화 그리는 것에 흥미를 가지고 있습니다.	I'm interested in painting landscapes.
평범한 사람들의 초상화를 그리기 좋아합니다.	I like doing portraits of ordinary people.
새로운 곳을 방문하면, 꼭 조금 시간을 내서 스케치를 합니다.	I make it a rule to spend some time in sketching when I visit new places.
그림 그리기보다 감상하는 쪽을 좋아합니다.	I prefer appreciating pictures to painting.
미술관에 자주 갑니다.	I visit art museums quite often.
반 고흐를 좋아합니다.	Van Gogh is my favorite artist.
사진에 흥미를 가지고 있습니다.	I'm interested in taking photos.
사진 촬영은 제 취미 중 하나입니다.	Taking pictures is one of my hobbies.
저는 풍경사진 찍는 것에 흥미를 가지고 있습니다.	I'm interested in taking pictures of landscapes.
밤하늘에 떠 있는 별을 찍는 것은 아주 재미있습니다.	It's a lot of fun to take pictures of stars in the dark sky.
여행을 떠날 때는 잊지 않고 카메라를 가지고 갑니다.	I never forget to carry my camera with me when I go on a trip.
진귀한 나비 사진을 찍기 위해 여러 곳을 찾아다닙니다.	I visited various places to take pictures of rare butterflies.
최근에 인물사진 찍는 것에 흥미를 가지기 시작했습니다.	Recently, I have become interested in taking pictures of men and women.

찍은 사진은 직접 현상하고, 인화하고, 확대합니다.	I myself develop, print, and enlarge my own films.
제 카메라로 찍은 가족사진을 몇 장 보내겠습니다.	I'll send you some pictures of my family which I took with my camera.
정원에서 뛰어노는 아이들을 자주 비디오카메라로 찍습니다.	I often videotape my children playing in the garden.
제 카메라는 전자동입니다.	My camera is fully automatic.
제 카메라는 거리도 노출도 전혀 맞출 필요가 없습니다.	I don't have to adjust my camera for focusing and exposure time at all.

✱✱ 음악

음악을 좋아합니다.	I like music.
음악 듣는 것을 좋아합니다.	I like listening to music.
어떤 음악을 좋아합니까?	What kind of music do you like?
음악이라면 어떤 것이든 즐겨 듣습니다.	I love to listen to all kinds of music.
시간이 날 때는 클래식을 듣고 있습니다.	I listen to classical music whenever I'm free.
휴일에는 재즈를 들으며 하루를 보냅니다.	I spend all day listening to jazz music on my days off.
최근에는 록 음악을 듣게 되었습니다.	Recently I've started listening to rock music.
솔 뮤직의 CD를 모으고 있습니다.	I've been collecting soul music CDs.
제 취미 중 하나는 피아노를 치는 것입니다.	One of my hobbies is to play the piano.
나는 다섯 살 때부터 피아노를 치고 있습니다.	I've been playing the piano since 5 years.
그러나 피아노를 별로 잘 치지는 못합니다.	But I'm not a good piano player.

지금 바이올린을 배우고 있습니다.	I'm now learning how to play the violin.
저는 악기는 연주할 줄 모릅니다.	I can't play any musical instruments.
재즈 밴드에 들어가 일주일에 한 번 활동하고 있습니다.	I'm a member of a jazz band, and take part in the activities once a week.
좋아하는 가수는 브리트니 스피어스입니다.	My favorite singer is Birtney Spears.
그녀의 노래는 몇 번이고 들어도 싫증나지 않습니다.	I never get tired of listening to her songs.
그녀의 CD를 거의 모두 가지고 있습니다.	I have almost all of her CDs.
그녀의 콘서트는 빼놓지 않고 갑니다.	I never fail to go to her concerts.
그녀의 사진을 내 방 벽에 붙여 놓았습니다.	I have photos of her all over the walls in my room.
마돈나의 노래는 전부 외웠습니다.	I memorized all of Madonna's songs.
종종 노래방에 가서 노래를 부릅니다.	I often go to Noraebang to sing.
나는 한국의 가요를 중심으로 노래 부릅니다.	I generally sing Korean popular songs.
나는 엘튼 존의 노래를 잘 부릅니다.	I am good at singing Elton John's songs.
괜찮으시다면 조만간 제 노래를 녹음한 테이프를 주겠습니다.	I'll give you a tape of my songs someday, if you like.
뭔가 악기를 다룰 줄 압니까?	Do you play any musical instruments?
지금까지 한국의 민요를 들어본 적이 있습니까?	Have you ever heard any Korean folk songs?
나는 음악을 모릅니다.	I am deaf to music.
음악에는 재능이 없어요.	I have no talent in music.

애완동물

애완동물을 키우고 있습니까?	Do you have any pets?
어떤 애완동물을 기르고 있나요?	What kind of pets do you have?
동물 기르는 것을 좋아합니다.	I'm fond of keeping animals.
잭이라고 하는 개를 키우고 있습니다.	I have a dog named Jack.
다섯 살 난 잡종 개를 키웁니다.	He is a five-year old mongrel.
수컷 개를 집안에서 키우고 있습니다.	I keep a male dog in the house.
잭은 우리 집의 일원과 같습니다.	Jack is like a member of my family.
나는 매일 저녁이 되면 이 개를 데리고 산보를 나갑니다.	I take this dog for a walk every evening.
친구로부터 열흘 전에 태어난 고양이를 받았습니다.	My friend gave me a kitten that was born just ten days ago.
오늘, 공원에 버려져 있던 고양이를 발견했습니다.	Today I found a stray cat in the park.
나는 그를 가엾게 생각해 키우기로 했습니다.	I felt pity for him and decided to keep him.
이 고양이는 때때로 가구나 거실의 양탄자를 긁어 놓습니다.	Sometimes this cat scratches our furniture and the rugs in the living room.
내 잉꼬는 노래를 합니다.	My macaw sings a song.
내가 키우는 구관조 톰은 나보다 영어를 더 잘할 수 있습니다.	My hill myna called Tom can speak English better than me.
뒤뜰에서 닭을 한 마리 키우고 있는데, 그 닭은 매일 달걀을 하나씩 낳습니다.	I keep a chicken in the backyard and it lays an egg every day.
거북이는 도회지에서 혼자 사는 젊은이들 사이에서 인기 있는 애완동물입니다.	A turtle is a popular pet among young people living alone in cities.

거북이는 소리도 내지 않고, 며칠이든 먹이를 주지 않아도 살아갈 수 있기 때문입니다.	Because a turtle does not make any noise and survives without food for days.
동물 키우는 일은 여간 힘든 일이 아닙니다.	It's pretty hard to take care of animals.
우리 부모님은 개 키우는 것을 허락하지 않으십니다.	My parents won't let me have a dog.
개를 키우고 싶지만, 아파트에 살고 있어서 키울 수가 없습니다.	I want to have a dog, but I can't have it because I live in an apartment.
우리 아파트에서는 애완동물 키우는 것이 금지되어 있습니다.	We are not allowed to have pets in our apartment.

✲✲ 원예

최근에는 정원 가꾸기에 몰두하고 있습니다.	Recently, I'm really into gardening.
정원 가꾸기에 많은 시간을 할애하고 있습니다.	I have been spending a lot of time in gardening.
원예는 정말 재미있어요.	Gardening is really fun.
가족을 위해 야채도 길러요.	I'm growing vegetables for my family.
꽃을 키우는 일은 즐겁습니다.	It is enjoyable to grow flowers.
식물이 성장하고 아름다운 꽃을 피우는 것을 관찰하며 즐깁니다.	I enjoy observing my plants growing and having beautiful flowers.
정원에 여러 가지 식물을 키우고 있기 때문에 사계절 내내 꽃을 즐길 수 있습니다.	As I have various kinds of plants in the garden, I can enjoy flowers through all the seasons.
아침저녁으로 화분에 물을 주는 것은 제 일입니다.	It is my duty to water the potted plants in the morning and in the evening.
모든 꽃 중에서 난을 제일 좋아합니다.	I like orchids best of all the flowers.
우리 집 거실에는 많은 관엽식물이 있습니다.	There are many decorative plants in our living room.

온실에서 딸기, 멜론과 같은 과일 재배에 열중하게 되었습니다.	I'm addicted to the hobby of growing fruits such as strawberries and melons in the greenhouse.
이 씨를 3월 하순에 걸쳐 심으면 5월에 싹이 납니다.	If you plant these seeds toward the end of March, they will come up in May.
정직하게 말해서 정원의 잡초 뽑기는 별로 좋아하지 않습니다.	To tell you the truth, I don't much like weeding the garden.
원예에 관해서 나는 전혀 모릅니다.	When it comes to gardening, I don't have a idea.

✱✱ 요리, 게임

외식하는 걸 좋아해요.	I love eating out.
요리를 좋아해요.	I like cooking.
주말이면 가족을 위해 요리를 합니다.	I cook for my family on weekend.
나는 요리를 잘해서 레퍼토리가 상당히 다양합니다.	I'm good at cooking and my repertory is very wide.
일요일의 내 즐거움의 하나는 케이크를 만드는 것입니다.	One of my sources of enjoyment on Sunday is baking cakes.
내주 일요일에 몇몇 손님이 오기로 해서, 새로운 요리법을 시도해 보려고 합니다.	I'm going to have a few guests next Sunday, and I'm thinking of trying new recipes.
나는 많은 취미가 있지만, 지금은 컴퓨터 게임에 열중하고 있습니다.	I have many hobbies, but my heart is in playing computer games now.
컴퓨터 게임을 하고 있으면 모든 것을 잊어버립니다.	I go crazy when I play computer games.

단 어 basic words

열심인 : **enthusiastic**
열중하다 : **get into~ / be into~**
오락 : **pastime**
취미 : **hobby**
흥미 : **interest**

●●독서
독서 : **reading**
서평 : **book review**
비평 : **critique**

●●미술
고대 그리스 미술 : **the ancient Greek art**
그래픽 아트 : **graphic art**
동양예술 : **Oriental art**
르네상스 미술 : **Renaissance art**
무대예술 : **performing arts**
미술상(美術商) : **an art dealer**
미술평론가 : **an art critic**
사실파 : **a realist school**
선전 포스터 : **a publicity poster**
아르누보 : **Art Nouveau**
아르데코 : **Art Deco**
에칭화 : **etching**
예술대학 : **the college of fine arts and music**
인물화 : **a portrait**
인상파 : **Impressionism**
일러스트 : **an illustration**
조형예술 : **plastic art**
팝아트 : **pop art**
현대 미술 : **modern art**
환경예술 : **ecological art**
흉상(胸像) : **a bust / a bronze**
흑인 미술 : **black art**

●●영화·연극
개봉영화 : **a first-run[newly released] movie**
개봉 : **a release**

갱 영화 : **a gangster movie**
공상과학 영화 : **a science fiction(SF) movie**
극단 : **a theatrical company**
극작가 : **a playwright / a dramatist**
기록영화 : **a documentary movie**
남자배우 : **a movie actor**
두 편 동시상영 : **a double feature**
명화 : **classic film / masterpiece**
무성영화 : **a silent movie**
뮤지컬 : **a musical**
법석 떠는 익살극 : **a slapstick**
비극 : **a tragedy**
B급[저예산] 영화 : **the B movie**
성인용 영화 : **an adult movie**
신작 영화 : **newly released film**
애니메이션 / 만화영화 : **an animated cartoon / a cartoon movie**
여자배우 : **a movie actress**
연극배우 : **a stage actor**(남) / **a stage actress**(여)
연출가 : **a stage director**
영화 팬 : **a movie fan / a moviegoer**
영화감독 : **a movie director**
영화배우 : **a movie star**
인형극 : **a puppet play**
촬영소 : **a movie[cinema] studio**
희극 : **a comedy**

●●무용
디스코 댄스 : **disco dancing**
로큰롤 : **rock-and-roll**
룸바 : **rumba**
림보 댄스 : **limbo**
맘보 : **mambo**
벨리 댄스 : **belly dance**
브레이크 댄스 : **break-dancing**
사교 댄스 : **ballroom[social] dancing**
삼바 : **samba**
스트리트 댄스 : **street dancing**

지르박 : **jitterbug**
찰스톤 : **charleston**
치크 댄스 : **cheek-to-cheek dancing**
트위스트 : **twist**
팬터마임 : **a pantomime**
훌라 댄스 : **hula**

●●음악
경음악 : **light music**
교향곡 : **symphony**
동요 : **a children's song / a nursery rhyme**
록 음악 : **rock music**
민족음악 : **folk music**
바로크 음악 : **baroque**
바이올린 협주곡 : **a violin concerto**
부르스 : **blues**
샹송 : **chanson**
솔 뮤직 : **soul music**
스윙 뮤직 : **swing music**

싱어송 라이터 : **a singer-song writer**
영화 음악 : **screen music**
음악 감상 : **listening to music**
자장가 : **a lullaby / a nursery song / a cradle song**
재즈 : **jazz**
전위 음악 : **underground music**
전자음악 : **electronic music**
종교 음악 : **religious[sacred] music**
칸초네 : **canzone**
크로스오버 : **crossover**
클래식 음악 : **classical music**
테크노 : **techno**
파퓰러 뮤직 : **popular music**
펑크록 : **punk rock**
퓨전 : **fusion**
헤비메탈 : **heavy metal**
현대 음악 : **modern music**
현악 4중주 : **a string quartet**

02 스포츠 Sports

❋❋ 스포츠에 대해

무슨 스포츠를 좋아해요?	What sports do you like?
당신 나라에서는 어떤 스포츠가 제일 인기 있습니까?	What is the most popular sport in your country?
당신은 어떤 스포츠에 참가하고 있습니까?	What sport do you take part in?
스포츠라면 어떤 종류나 좋아합니다.	I like any kind of sports.
나는 스포츠는 무엇이든 합니다.	I'm an all-round sportsman.
가능한 한 운동을 하려고 하고 있어요.	I try to exercise as often as possible.
팀 스포츠보다 개인으로 하는 스포츠 쪽을 좋아해요.	I prefer individual sports to team sports.
어떤 스포츠라도 서툴러요.	I'm not good at any sports.
운동신경이 둔합니다.	I'm s pool athlete.

❋❋ 육상 등

운동을 위해 매일 걷고 있어요.	I take a walk everyday for exercise.
최근 조깅을 시작했어요.	I've taken up jogging recently.
매일 아침 조깅을 하고 있습니다.	I take a jog every morning.
출근 전에 30분 정도 달리기를 하고 있습니다.	I jog for half an hour before I go to my office.

저녁에 산보하는 것을 일과로 하고 있습니다.	I make a daily routine of taking a walk every evening.
아침에 서늘할 때 산보를 합니다.	I take a walk in the morning when the air is cool.
언젠가 마라톤 대회에 나가고 싶습니다.	I want to run in a marathon race someday.
집 근처 도로에서 인라인 스케이트를 탑니다.	I inline skate on the streets in my neighborhood.
고교생일 때, 스케이트보드를 탔습니다.	I was enjoying skateboarding in my high school days.
한국에서는 도로가 좁고, 꼬불꼬불해서 스케이트보드를 타는 사람이 별로 없습니다.	There aren't many who do skateboarding in Korea, as the streets are narrow and winding.

✹✹ 테니스, 골프

가까운 테니스 클럽에 속해 있습니다.	I belong to a local tennis club.
나는 요즈음 테니스에 빠져 있습니다.	I have gone in for tennis these days.
젊었을 때는 진지하게 테니스를 했습니다.	I played tennis seriously when I was young.
테니스를 아주 좋아하지만 잘하지는 못해요.	I like playing tennis, but I'm not good at it.
골프를 치나요?	Do you play golf?
10년 이상 골프를 치고 있습니다.	I've been playing golf for over ten years.
플레이할 시간을 내기가 쉽지 않아요.	It's not easy to find the time to play.
한달에 한 번은 골프를 하고 싶습니다.	I want to play golf at least once a month.

언젠가 같이 치러 가죠.	Let's play together sometime.
나는 일요일마다 골프를 치러 갑니다.	I go golfing every Sunday.
유감스럽게도 한국에서는 골프를 하는 데 상당히 돈이 많이 듭니다.	To our great regret it costs us a lot of money to play golf in Korea.
해외로 골프 치러 가는 이유 중 하나입니다.	That's one of the reasons why some people go abroad to play golf.

✱✱ 등산, 낚시

나는 많은 취미를 가지고 있지만, 지금은 등산에 열중하고 있습니다.	I have many hobbies, but I'm keen on mountaineering now.
작년 겨울에는 한국에서 제일 높은 산인 한라산에 올라갔습니다.	Last winter I climbed Mt. Hanra, the highest mountain in Korea.
낚시가 지금 크게 유행하고 있습니다.	Fishing has now become a craze.
제 낚시 경력은 5년입니다.	I've been fishing for five years.
1주 전에 집 근처 연못에서 큰 물고기를 낚았습니다.	A week ago, I caught a big fish at a pond near my house.
낚시가 스포츠로서 남성들 사이에서 크게 인기가 있습니다.	Fishing is very popular as a sport among men.

✱✱ 댄스, 무술

지금 댄스 레슨을 받아 볼까 생각하고 있습니다.	I'm right now thinking of taking dance lessons.
댄스 레슨을 다니기로 결심했습니다.	I've decided to go to dance lessons.

건강 상태를 유지하기 위해 에어로빅 댄스를 계속하고 있습니다.	I keep on doing aerobic dances to stay in good shape.
다섯 살 때부터 재즈 댄스를 배우기 시작했습니다.	I started to learn jazz dancing when I was five.
체중을 빼기 위해 다음달부터 에어로빅을 시작합니다.	I'll start aerobics from next month to lose weight.
아름답게 날씬해지기 위해 정기적으로 에어로빅을 하고 있습니다.	I take aerobic exercise regularly to lose weight and become more beautiful.
사교 댄스를 배우는 건 오랜 꿈이었어요.	It has been my long-time dream to learn ballroom dancing.
전 요가를 계속할 생각입니다.	I'll keep on doing Yoga.
한국 전통 무도 중 하나인 태권도를 배우고 있습니다.	I'm learning Taekwondo, one of the traditional Korean martial arts.
우리 학교에서는 태권도가 체육 수업에 포함되어 있습니다.	Taekwondo is a part of physical education at my school.
아직 태권도 초심자입니다.	I'm still a beginner of Taekwondo.
태권도의 달인입니다.	I'm a Taekwondo expert.
태권도 3단입니다.	I'm a third grader in Taekwondo.
태권도의 진정한 목적은 자신의 몸을 지키는 것이었습니다.	The real purpose of Taekwondo was for self-defense.
저는 성룡 영화에 영향을 받아 쿵후를 시작했습니다.	I began to learn Kung-fu by the influences of Jackie Chan's movies.
검도는 펜싱 같은 것입니다.	Geomdo is something like fencing.
검도에서는 방어용 도구를 몸에 착용해야 합니다.	We have to wear protective gear in Geomdo.

✱✱ 구기 종목

나는 키가 커서 배구를 시작했습니다.	As I'm tall, I started to play volleyball.
나는 농구를 잘합니다.	I'm a good basketball player.
나는 동네 야구팀의 일원입니다.	I'm a member of a sandlot baseball team.
아직 주전 선수는 아닙니다.	I'm not a regular player yet.
아마추어 야구 팀에서 3루수를 맡고 있습니다.	I'm the third baseman of an amateur baseball team.
내 포지션은 투수이고 4번 타자입니다.	I'm a pitcher and the fourth batter.
조부모님께서는 게이트볼을 하시러 자주 공원으로 나가십니다.	My grandparents often go to the park to play gate ball.

✱✱ 수영 등

수영을 잘합니다.	I'm good at swimming.
나는 지금 수영에 열중하고 있습니다.	I'm engrossed in swimming.
여름 스포츠 중에서는 수영을 제일 좋아합니다.	I like a swimming best of all summer sports.
바다 가까이에 살고 있어서 수영을 잘합니다.	I'm good at swimming, because I live near the sea.
여름방학이 되면 매일 친구와 바다로 수영하러 갑니다.	Whenever summer vacation comes, I go to the sea for a swim.
잘하는 것은 배영입니다.	What I'm good at is backstroking.
수영 교실에 다니기 시작했어요.	I've taken up swimming lessons.
나는 일주일에 한 번 정도 수영 클럽에 다닙니다.	I go to a swimming club once a week.

나는 건강 때문에 수영 클럽에 이틀에 한 번씩 다니고 있습니다.	I go to a swimming club of my health every other day.
겨울에는 실내 풀장에서 수영합니다.	I swim in an indoor swimming pool in winter.
내가 사는 도시는 유명한 해수욕장에서 그리 멀지 않습니다.	The town in which I live is not far from a famous sea-bathing resort.
나는 수영을 잘 못합니다.	I'm a bad swimmer.
나는 전혀 수영을 못합니다.	I can't swim at all.
이제는 100m 정도 헤엄칠 수가 있습니다.	I'm now able to swim 100 meters.
지난 달, 학교 수영대회 100m 평영에서 1등을 했습니다.	I got the first prize in the 100-meter breast stroke in a swim meet at school last month.
나는 올 여름에는 윈드서핑에 도전할 생각입니다.	I'm going to try windsurfing this summer.
2년 전 하와이에 서핑하러 갔던 이후로 서핑에 빠져 버렸습니다.	Ever since I went to Hawaii for surfing two years ago, I've been into it.
나는 아직 스쿠버다이빙에 빠져 있습니다.	I'm still keeping up my scuba diving craze.
스쿠버다이빙에서 제일 재미있는 것은 여러 종류의 물고기와 함께 헤엄치는 것입니다.	The most enjoyable thing about scuba diving is to swim with various kinds of fishes.

∗∗ 스키 등

겨울 스포츠를 좋아해요.	I love winter sports.
겨울이 되면 나는 스키를 탑니다.	In winter I enjoy skiing.
겨울이면 거의 매주 스키를 타러 갑니다.	In the winter, I go skiing almost every week.

나는 매년 겨울에 용평으로 2, 3회 스키를 타러 갑니다.	I go to Yongpyong for skiing a couple of times every year.
내가 살고 있는 곳은 눈이 많은 지역이라 스키 탈 기회가 많습니다.	As I live in a snowy district, I have many opportunities to ski.
제주 지방에는 눈이 안 내리기 때문에, 스키를 타려면 멀리 가야 합니다.	As we don't have snow in the Jeju region, we have to go far away to ski.
나는 겨울이 되면 언제나 스키와 스케이트를 탑니다.	Whenever winter comes, I enjoy skiing and skating.
나는 때때로 근처 실내 스케이트장에 갑니다.	Sometimes I go to the indoor ice skating rink near my house.
나는 태어나서 아직 한 번도 얼음 언 호수 위에서 스케이트를 탄 적이 없습니다.	I have never skated on a frozen lake since I was born.
한 번만이라도 얼음 언 호수 위에서 마음껏 스케이트를 타 보고 싶습니다.	How I wish I could skate just for once on a frozen lake to my heart's content.
다음 겨울에는 스노우보드를 시작할 생각이에요.	I'll try snowboarding next winter.

** 스포츠 관전

스포츠 관전을 좋아해요.	I like to watch sports.
스포츠를 보는 쪽을 더 좋아합니다.	I rather like watching sports.
스포츠는 스스로 하기보다 보는 것을 좋아합니다.	I like watching sports better than doing them my self.
특히 야구와 축구 관람을 좋아합니다.	Especially, I like to watch baseball and soccer.
가끔 시합을 보러 경기장에 갑니다.	I sometimes go to the stadium to watch games.

경기장 분위기를 좋아합니다.	I love the atmosphere in the stadium.
내가 제일 좋아하는 스포츠는 야구입니다.	The sport I like most is baseball.
야구는 한국에서 대단히 인기가 있습니다.	Baseball is very popular in Korea.
나는 시카고 컵스의 팬입니다.	I'm a big fan of the Chicago Cubs.
메이저리그 시합 보는 것을 좋아합니다.	I love to watch major league baseball games.
멋진 플레이를 많이 볼 수 있어서 즐겁습니다.	I enjoy watching a lot of spectacular plays.
친구와 자주 야간 경기를 보러 야구장에 갑니다.	I often go to baseball parks with my friends to see night games.
텔레비전 스포츠 중계를 자주 봅니다.	I often watch sports broadcasts on TV.
나는 TV로 야구 보는 것을 아주 좋아합니다.	I love to watch baseball games on T.V.
베어스가 2위인 삼성 라이온스에게 세 게임 차로 앞서고 있습니다.	The Bears are 3 games ahead of the second-place Samsung Lions.
최근의 유니콘스는 부진합니다.	The Unicons are not doing very well these days.
저는 TV로 트윈스의 게임은 거의 모두 봅니다.	I watch almost all the games by the Twins on TV.
내가 좋아하는 야구선수는 이승엽입니다.	My favorite baseball player is Seung-yep Lee.
스포츠 중에서 축구를 제일 좋아합니다.	I like a soccer best of all sports.
학교에서 축구 클럽에 들어 있습니다.	I belong to the soccer club at school.
최근에는 축구에 흥미를 갖는 젊은이들이 늘었습니다.	Recently, more and more young people have become interested in soccer.

축구는 젊은이들 사이에서 대단히 인기가 있습니다.	Soccer is very popular among young people.
저는 TV로 축구 시합을 항상 봅니다.	I always watch soccer games on T.V.
어젯밤은 늦게까지 TV 축구 중계를 보았습니다.	Last night, I stayed up late watching a soccer game on TV.
상당히 접전이었어요.	The game was very close.
내일은 테니스 시합을 보기 위해 아침 일찍 일어나야 해요.	I have to get up early tomorrow to watch tennis games on TV.
테니스 4대 메이저 대회는 절대 놓치지 않죠.	I never miss the four major tennis tournaments.
TV로 농구를 보는 건 재미있지 않나요?	It's fun to watch a basketball game on TV, isn't it?
실제 농구 경기를 보면 무척 흥분돼요.	It should be exciting to see a real basketball game.
나는 피겨 스케이트 보는 것을 좋아합니다.	I'm very fond of watching figure skating.

단 어 basic words

운동 : **exercise**
연습 : **practice**
훈련 : **workout**
준비운동 : **warming up**
정리운동 : **cooldown**
단체경기 : **team sports**
개인경기 : **individual sports**
시합 : **match / competition**
응원하다 : **cheer**
초심자 : **beginner**
중급자 : **intermediate**
상급자 : **advanced**

●●육상경기(Athletics/Track and Field)
경보 : **walk**
넓이뛰기 : **long jump**
높이뛰기 : **running high jump**
마라톤 : **marathon**
100미터 달리기 : **100-meter dash**
3단 뛰기 : **tripple jump**
원반던지기 : **discus throw**
200미터 달리기 : **200-meter dash**
장대높이뛰기 : **pole vault**
창던지기 : **javelin throw**
800미터 달리기 : **800-meter dash**

포환던지기 : **hammer throw**
허들 : **hurdles**

●●체조(Gymnastics)
2단 평행봉 : **uneven bars**
도마 : **horse vault**
리듬 체조 : **rhythmic gymnastics**
마루운동 : **floor exercises**
안마 : **pommel horse**
평행봉 : **parallel bars**

●●수영(Swimming)
100미터 자유형 : **100-meter freestyle**
개인 혼영 : **individual medley**
배영 : **backstroke**
싱크로나이즈드 스위밍 : **synchronized swimming**
접영 : **butterfly**
평영 : **breaststroke**
하이다이빙 : **platform diving**

●●복싱(Boxing)
라이트급 : **light weight**
웰터급 : **welter weight**

●●레슬링/역도(Wrestling/Weight lifting)
52kg급 : **up to 52-kilogram**
90kg급 : **up to 90-kilogram**

●●스키 / 스케이트(Ski / Skate) 등
90m 점프 : **90-meter jump**
대회전 : **giant slalom**
루지(1인용 경기썰매) : **luge**
바이애슬론 : **biathlon**

봅슬레이 : **bobsleigh**
아이스하키 : **ice hockey**
알파인 복합 : **Alpine combined**
크로스컨트리 : **cross-country**
피겨스케이팅 : **figure skating**
활강경기 : **downhill**
회전 : **slalom**

●●기타
근대오종 : **modern pentathlon**
마술(馬術) : **equestrian**
비치발리볼 : **beach volleyball**
사격 : **shooting**
소프트볼 : **softball**
수구 : **water polo**
스카이다이빙 : **sky diving**
양궁 : **archery**
요트 : **yachting**
유도 : **judo**
자전거 : **cycling**
조정 : **rowing**
카누 : **canoeing**
패러글라이딩 : **paragliding**
펜싱 : **fencing**
필드하키 : **field hockey**
핸드볼 : **handball**

그 밖의 화제 — Other Topics

✻✻ 자동차

운전면허가 있나요?	Do you have a driver's license?
일주일에 3일은 자동차 교습소에 다닙니다.	I go to a driving school three days a week.
막 면허를 땄어요.	I've just got my driver's license.
작년에 자동차 면허를 땄습니다.	I got my driver's licence last year.
아직도 차를 몰 때마다 긴장해요.	I still get nervous when I'm at the wheel.
저는 차를 잘 몬다고 생각합니다.	I think I'm a good driver.
무사고 무위반이에요.	I've never had an accident or gotten a ticket.
저는 스피드 광입니다.	I'm a speed-maniac.
회사까지 차를 타고 갑니다.	I go to my office by car.
제가 사는 지방에서는 차가 없으면 하루도 생활할 수가 없습니다.	We can't live even a day in my area without a car.
저는 자주 차를 몰지 않아요.	I don't drive very often.
차를 바꿀까 생각중이에요.	I'm thinking about replacing my car.
소형차를 살 생각이에요.	I think I'll get a compact car.
새 차를 막 뽑았어요.	I've just bought a brand-new car.
지난달에 값싼 중고차를 샀습니다.	I bought a cheap used car last month.

겉보기에는 멀쩡하지만, 달리는 것은 시원치 못합니다.	It looks fine but doesn't run well.
판매점에서 여러 차들을 보는 건 재미있어요.	It's fun to see different cars at dealers.
수입차 중에서는 메르세데스를 제일 좋아합니다.	I like the Mercedes best of all the imported cars.
적어도 일주일에 한 번은 차를 닦습니다.	I polish my car at least once a week.
차는 저한테는 보물입니다.	My car is the apple of my eyes.
휴일에는 자주 시골로 드라이브를 나갑니다.	I often go for a drive to the country on my days off.
드라이브에서 제일 즐거운 것은 짧은 시간에 다양한 풍경을 구경할 수가 있다는 점입니다.	The most enjoyable thing about driving is to be able to see various landscapes in a short time.
차들은 항상 느릿느릿 달립니다.	Cars are always proceeding at a slow pace.
서울은 아침부터 밤까지 차들로 넘치고 있습니다.	Seoul is flooded with very many cars from morning till night.
그래서 서울에서는 운전이 아주 아슬아슬합니다.	So driving in Seoul is very risky.
한국에서는 어느 도로나 자동차로 혼잡합니다.	Every street in Korea is clogged up with cars.
나는 아침에 회사에 갈 때, 항상 교통체증에 시달리게 됩니다.	I always get into traffic jams on my way to the office in the morning.
어째서 이렇게 정체되는 거죠?	I wonder what's causing this traffic jam.
이 앞으로 30km 정체됐다고?	A 30-kilometer traffic jam ahead?
오늘 차로 외출하겠다는 건 잘못된 생각이야.	Maybe it was a bad idea to go out by car today.
화가 나는 것은 한국의 고속도로가 모두 유료라는 사실입니다.	What makes me angry is that every expressway in Korea collects tolls.

이 근처에서 주차할 곳을 찾는 것은 어려워요.	It's difficult to find a place to park around here.
주차 위반으로 딱지를 떼였어요.	I got a ticket for a parking violation.
주차 위반으로 벌금을 물었어요.	I was fined for a parking violation.
주차 미터 시간이 끝나 있었어요.	The parking meter had expired.

패션

패션에 흥미를 가지고 있어요.	I'm interested in fashion.
전 입는 것에 매우 신경을 씁니다.	I'm fussy about clothing.
매일 아침, 옷을 고르는 데 시간을 써요.	Every morning, I take some time to choose what to wear.
멋지게 보이고 싶어요.	I want to look stylish.
유명 브랜드 상품에는 관심이 없어요.	I'm not very interested in famous brand name products.
너무 비싸서 저로서는 살 수 없는 거예요.	They're just too expensive for me to buy.
심플하고 적당한 가격의 옷을 사는 편이 나아요.	I'd rather buy simple and reasonable clothes.
미니스커트가 유행하기 시작했습니다.	Mini-skirts have come into fashion.
미니스커트는 예전에 유행한 적이 있습니다.	Mini-skirts were once popular.
제가 지금 입고 있는 드레스가 유행하고 있습니다.	The dress I'm wearing now is trendy.
체크 스커트는 이미 유행이 지났어요.	Check skirts are already out of fashion.
올 겨울엔 어떤 색이 유행하죠?	What color will be in this winter?

저는 조지오 아르마니의 옷을 좋아합니다.	I like clothes designed by Giorgio Armani.
조금 비싸지만 그만큼의 가치가 있어요.	This was a little expensive, but it's worth it.
이 드레스에 어울리는 지갑을 사야 해요.	I should buy a purse that goes well with this dress.
사실, 심플한 디자인의 옷을 좋아합니다.	To be honest, I like dresses with simple designs.
집에 있을 때는 항상 진과 티셔츠 차림입니다.	I always wear jeans and T-shirts when at home.
집에 돌아오면 곧바로 나는 티셔츠와 진과 같은 캐주얼한 옷으로 갈아입습니다.	As soon as I get home, I change into my casual clothes like T-shirts and jeans.
저는 크리스찬 디오르의 수트를 입고 있습니다.	I wear a Christian Dior suit.
남자친구와 데이트할 때는 항상 멋을 부립니다.	Whenever I go out with my boyfriend, I dress myself up.
며칠 전, 올 여름을 위해 가슴 두근거릴 정도로 대담한 수영복을 샀습니다.	I bought an excitingly bold bathing suit for this summer a couple of days ago.
그것을 입을 수 있는 날을 고대하고 있습니다.	I'm looking forward to wearing it.
당신의 옷 입는 스타일이 마음에 들어요.	I like the way you wear your clothes.
당신의 흰 원피스는 당신한테 아주 잘 어울립니다.	Your white one-piece becomes you very well.
당신의 그 우아하게 보이는 드레스는 긴 검은 머리와 잘 어울립니다.	Your elegant-looking dress goes with your long black hair.
전 빨강이 어울리지 않아요.	I don't look good in red.
이 드레스는 저에게 너무 잘 어울려요.	This dress looks great on me.

어떤 타입의 드레스를 좋아합니까?	What type of dress do you like?
당신 나라의 최신 유행은 어떤 것입니까?	What are the latest fashions in your country?
최근에는 도심에서 귀에 귀걸이를 하고 다니는 젊은 남자아이들을 자주 봅니다.	Recently, I frequently see young boys with their ears pierced in town.
겁쟁이라서 아직 귀에 귀걸이는 하지 않습니다.	I'm too chicken to have my ears pierced.
최근에는 남자아이들도 패션에 크게 흥미를 갖게 되었습니다.	Boys have become interested in fashion too these days.
최근 젊은 세대들은 좀처럼 한복을 입지 않습니다.	Today, the younger generation seldom wear Hanbok.
시간이 날 때마다 패션 잡지를 봐요.	I read fashion magazines whenever I have time.
최신 유행을 알기 위해 매달 패션 잡지를 삽니다.	I buy a fashion magazine every month to catch up with the latest fashions.
계절이 바뀔 때마다 뭘 입어야 할지 모르겠어요.	I don't know what to wear at the turn of the seasons.
이 셔츠 너무 화려하지 않아요?	Is this shirt too loud?
촌스러워 보이지 않나요?	Don't I look corny?
전 옷을 잘 입는 사람이 아니에요.	I'm not a good dresser.
옷에 많이 신경 쓰지 않아요.	I don't care too much about clothing.
옷이 깨끗하기만 하다면 괜찮아요.	As long as my clothes are clean, I'm fine.

❋❋ 건강

저는 지금 다이어트중입니다.	I'm on a diet.

저는 살빼기 위해 매일 아침 달리기를 합니다.	I jog every morning to keep my weight down.
저는 한달 동안 5킬로그램 빼는 데 성공했습니다.	I was able to reduce my weight by 5 kilograms in a month.
저는 아주 건강합니다.	I'm very healthy.
저는 좀처럼 감기에 걸리지 않습니다.	I seldom catch a cold.
저는 허약한 체질입니다.	I have a weak constitution.
저는 몸이 약해서 학교에 자주 결석합니다.	I have a delicate constitution, and I'm often absent from school.
저는 추위에 약합니다.	I'm weak against the cold.
저는 더위에 잘 견딥니다.	I'm immune to the heat.
감기에 잘 걸리는 체질입니다.	I'm liable to catch a cold.

단 어 basic words

자동차 : **car, automobile, auto**
자동차 경주 : **motor race**
자동차 경주 선수 : **racing driver**
자동차 경주장 : **motor racecourse**
자동차 공업 : **the auto industry**
자동차 전용도로 : **driveway**
자동차 매매업자 : **motor dealer**
자동차 메이커 : **auto maker**
자동차 번호판 : **number plate**
자동차 사고 : **motoring accident**
자동차 속도계 : **speedometer**
자동차 수리공장 : **auto-repair shop**
자동차 여행 : **motor trip**
자동차 여행자 : **autoist**
운전 면허증 : **dirver's license**
주차장 : **parking lot**

차고 : **garage**
자동차 교습소 : **driving school**
자동차 회사 : **automobile company**
전기 자동차 : **electromobile**
핸들 : **steering wheel**
가속기 : **accelerator**
클러치 : **clutch**
기어 : **gear**
브레이크 : **brake**
방향지시기 : **blinker**
미등 : **tail light**
백미러 : **review mirror**
앞유리 : **windshield**
와이퍼 : **windshield wiper**
클랙슨 : **horn**

4
PART

일상의 대화를 하다
Talk about Daily Life

It's time to get up! Are you awake? Get up now or you'll be late. I'm still sleepy. What time did you go to bed last night? I stayed up late last night. I stayed up all night. I'm not a morning person. Oh no, I overslept! The alarm clock didn't go off. I turned off the alarm clock and fell asleep again. Why didn't you wake me up? I can't be late for work. I slept well last night. I didn't sleep very well last night. I had a bad dream. You were snoring last night. I need to wash my face to wake up. I take time to brush my teeth. I have to brush my hair. Would you go and get the newspaper? What time will you come home today?

01 일상생활 Routine

** 일어나다

일어날 시간이야!	It's time to get up!
일어나 있니?	Are you awake?
일어나라 늦겠다.	Get up now or you'll be late.
아직 졸려.	I'm still sleepy.
어제 몇 시에 잤니?	What time did you go to bed last night?
어젯밤, 늦게까지 안 잤어.	I stayed up late last night.
밤샜어.	I stayed up all night.
난 아침형 인간이 아니야.	I'm not a morning person.
이런, 늦잠잤다!	Oh no, I overslept!
자명종 시계가 그치지 않아요.	The alarm clock didn't go off.
자명종 시계를 끄고 다시 잤어.	I turned off the alarm clock and fell asleep again.
왜 안 깨웠어?	Why didn't you wake me up?
일에 늦을 수는 없어.	I can't be late for work.
어젯밤 잘 잤어.	I slept well last night.
어젯밤은 잘 못잤어.	I didn't sleep very well last night.
나쁜 꿈을 꿨어.	I had a bad dream.
너 어젯밤 코 골았어.	You were snoring last night.

집을 나서다

잠을 깨려면 세수를 해야겠어.	I need to wash my face to wake up.
이를 닦는 데는 시간이 걸려요.	I take time to brush my teeth.
매일 아침, 이 사이도 깨끗이 해요.	I also floss my teeth every morning.
누가 화장실에 있어요.	Someone is in the bathroom.
오늘 아침엔 머리 감을 시간이 없어요.	I don't have time to shampoo this morning.
머리를 빗어야 해요.	I have to brush my hair.
신문을 가져다 주지 않을래요?	Would you go and get the newspaper?
커피를 마시면 눈이 떠져.	Coffee wakes me up.
안 돼, 커피가 떨어졌어.	Oh, no. I'm out of coffee.
대신 홍차를 타야지.	I'm going to make tea instead.
전 절대로 아침을 거르지 않아요.	I never skip breakfast.
오늘은 아침을 먹을 기분이 아니야.	I don't feel like having breakfast this morning.
어젯밤 너무 많이 마셨어.	I drank too much last night.
숙취가 있어.	I have a hangover.
화장을 해야 해.	I need to put on make-up.
오늘 뭘 입지?	What should I wear today?
어떤 넥타이를 매지?	Which tie should I wear?
우산을 가져가야 하나?	Should I take my umbrella?
서둘러서 준비해!	Hurry up and get ready!
점심 도시락 잊지 마.	Don't forget your lunch.
몇 시에 집에 올 거야?	What time will you come home today?

나 갈게.	I'm leaving. / I'm taking off now.

✱✱ 집안일을 하다

오늘은 쓰레기 수거일이야.	It's garbage collection day today.
쓰레기를 내다 주지 않을래?	Would you take out the garbage?
세탁물을 세탁기 속에 넣어.	Put your laundry in the washing machine.
세탁물이 쌓였어.	The laundry has piled up.
오늘은 세탁을 해야 해.	I need to do my laundry today.
세탁물을 널어 줄래?	Would you hang the laundry up to dry?
이 셔츠는 건조기에서 말리면 안 돼요.	You can't put this shirt in the dryer.
이건 쉽게 줄어요.	This will shrink easily.
세탁물을 건조기에서 꺼내 개어 줄래?	Could you take the clothes out of the dryer and fold them?
이 옷들은 세탁소에 가져가야 해.	I'm going to take these clothes to the cleaner's.
양복을 세탁소에 찾으러 가야 해.	I need to pick up my suit at the cleaner's.
다려야 하는 옷이 산더미야.	I have a lot of clothes to iron.
다림질은 시간이 걸려.	Ironing takes time.
방이 어질러졌네.	The room is so messy.
방을 치우세요.	Clean up the room.
청소기를 돌려야 해.	I have to vacuum.
청소기를 돌리면 아무 소리도 안 들려요.	I can't hear anything when I'm using the vacuum cleaner.
마루에 먼지가 많아.	The floor is dusty.

젖은 걸레로 마루를 닦아야 해.	I'm going to clean the floor with a wet rag.
화장실 청소는 중노동이야.	Cleaning the bathtub is such a hard work.
좀더 강력한 세제가 필요해.	Maybe I need stronger detergent.
땀으로 푹 젖었어.	I'm soaking with sweat.
집 청소를 마쳐서 기분이 너무 좋아.	I feel so good after cleaning up the house.

✱✱ 집으로 돌아오다

애들이 올 때까지 낮잠을 잘 거야.	I'll take a nap untill the kids come home.
애들을 데리러 갈 시간이야.	It's time to go pick up the kids.
돌아가는 길에 쇼핑을 해야 해.	I need to do some shopping on my way back.
저녁은 뭘로 할까?	What shall I make for dinner?
살 것을 메모해 두는 편이 좋아.	I'd better put down what I need to get.
광고전단지를 체크하자.	I'll check the flier.
오늘 뭐가 세일이지?	What is on sale today?
설탕이 떨어졌어.	I'm out of sugar.
돌아왔어요.	I'm home.
오늘 어땠어?	How was your day?
오늘 학교는 어땠어?	How was school today?
간식은 어딨어요?	Where's my snack?
손부터 씻어라.	Wash your hands first.
학원에 갈게요.	I'm going to cram school.
오늘 축구 연습이 있어요.	I have soccer practice today.

오늘은 일이 빨리 끝났어.	We finished work early today.
바로 집에 갈까나.	Maybe I should go straight home.
오늘은 마시러 가지 않을 거야.	I'm not going to go drinking taday.
가끔은 빨리 집에 돌아가는 게 좋아.	It's nice to go home early once in a while.
지금은 퇴근 정체야.	Now, It's the evening rush.
지하철이 심하게 붐비네.	The subway train is really crowded.
좋았어, 어떻게든 지하철을 탈 수 있었군.	Good, we managed to get into the subway train.
장거리 출퇴근은 힘들어.	It's hard to commute a long way.

❄❄ 저녁 식사

오늘은 빨리 왔네.	You came home early today.
저녁 식사할래요? 아님 목욕 먼저 할래요?	Do you want to have dinner or take a bath first?
재킷은 옷걸이에 걸어 두세요.	Hang up your jacket.
나 너무 배고파.	I'm so hungry.
좋은 냄새가 나는데.	It smells good.
오늘 저녁은 뭐야?	What's for dinner tonight?
당신이 좋아하는 걸 만들었어요.	I made your favorite dish.
오늘은 롤 캐비지예요.	We're having stuffed cabbage rolls today.
몇 분이면 식사 다돼요.	Dinner will be ready in a few minutes.
식탁 좀 차려 줄래요?	Would you set the table?
식사 다됐어요.	Dinner is ready!
가요.	I'm coming.
포도주를 좀 마시죠?	Let's have some wine.

괜찮아요?	Is it good?
맛이 어때?	How does it taste?
스프가 좀 싱거운 것 같아.	Maybe the soup needs a little more salt.
당근을 남기면 안 돼.	Don't leave your carrots.
야채는 몸에 좋아요.	Vegetables are good for you.
그렇게 음식을 가리면 안 돼.	Don't be so choosy about food.
남기지 말고 먹어라.	Finish up your plate.
스프 더 먹어도 돼요?	May I have some more soup?
스튜가 좀 식었어요.	The stew has got a little cold.
다시 데워 줄게.	I'll reheat it.
밥 더 줄까?	Do you want some more rice?
다 먹었니?	Have you finished?
정말 배불러요.	I'm really full.
디저트 먹을 수 있겠니?	Do you have a room for dessert?
디저트 먹을 자리는 남길 거야.	I'll spare some space for dessert.

✳✳ 휴식을 취하다

식탁 좀 치워 줄래?	Would you clear the table?
접시들을 싱크대로 갖다 줄래?	Take your dishes to the sink?
설거지는 제가 할 게요.	I'll do the dishes.
식기 세척기를 사요.	We should get a dishwasher.
저 목욕할게요.	I'm going to take a bath.
뜨거운 물로 목욕하면 몸이 풀려요.	It's very relaxing to take a hot bath.
목욕물이 충분히 뜨겁지 않은데.	The bath isn't hot enough.

목욕을 마치고 맥주를 마시면 최고지.	I love to have some beer after taking a bath.
TV에서 야구 중계를 하고 있어요.	A baseball game on TV.
TV에 뭐 좋은 프로가 있나?	Are there any good programs on TV?
이 프로 끔찍한데.	This program is terrible.
더 이상 못 보겠어.	I can't take it any more.
리모컨 좀 갖다 줄래?	Could you hand me the remote control?
그렇게 마구 채널을 바꾸지 말아요.	Don't keep changing the channel like that.
이제 텔레비전을 꺼요.	Turn off the TV now.
숙제는 다했니?	Have you finished your homework?
당장 비디오 게임을 그만 둬.	Stop playing the video game now.
비디오 게임은 하루에 한 시간만 할 수 있어.	You can play the video game for only one hour a day.
내일 준비는 다했니?	Are you ready for tomorrow?

※ 휴일

적어도 일요일 정도는 느긋하게 자고 싶어.	I want to sleep in on Sundays, at least.
한 주 내내 바빴기 때문에 피곤해.	I'm tired since I was busy all week.
난 휴식이 좀 필요해.	I need to take a little rest.
날씨 좋은데.	It's a beautiful day.
오늘 어떻게 보낼까?	How shall I spend day today?
개를 산책시켜야 해.	I'll take the dog for a walk.
서점에 들를까?	Maybe I should stop by a bookstore.
서점에 서서 책 보는 걸 좋아해.	I love to stand and read in bookstores.

이 책을 살까 아님 도서관에서 빌릴까?	Shall I buy this book or borrow it from the library?
이 비디오 테이프 오늘 반납해야 해.	I have to return this video taday.
비디오 테이프를 빌리러 갈까 해.	I'm going to rent some videos.
신작 비디오가 많이 있어.	There's so many newly-released videos.
뭘 먼저 빌릴까?	Which one should I rent first?
이렇게 많은 중에 하나를 고르는 건 어려워.	It's hard to decide on one out of so many.
공원에 가서 공놀이 하자.	Let's go to the park and play catch.
공원은 주말엔 붐벼.	The park is so busy on weekends.
오늘 저녁은 외식하자.	Let's eat out tonight.
가고 싶은 식당 있어?	Is there any restaurant you want to go to?
오늘 데이트가 있어.	I have a date today.
잘 차려 입고 갈 거야.	I'll get dressed up.
이 셔츠는 이 바지에 안 어울려.	This shirt doesn't go well with these pants.
괜찮아 보이니?	Do I look good?

** 잠자리에 들다

오늘밤엔 일찍 잠자리에 들 거야.	I'll get in bed early tonight.
침대에 누워 TV 보는 걸 좋아해.	I like to watch TV in bed.
아직 안 자니?	Are you still up?
이렇게 늦게까지 뭘 하고 있니?	What are you doing up so late?
자러 갈 시간이야.	It's time to go to bed.

애들을 재워 줄래요?	Will you put the kids to bed?
아이들에게 책을 읽어 줄 거예요.	I'll read a book to the children.
소파에서 자지 마.	Don't sleep on the couch.
불을 켜 둔 채예요.	You left the light on.
내일 아침 일찍 일어나야 해.	I'll have to get up early tomorrow morning.
7시에 알람을 맞췄어.	I set the alarm for seven o'clock.
불 껐니?	Will you turn off the light?

단 어 basic words

일어나다 : **get up**
눈을 뜨다 : **wake up**
늦잠자다 : **oversleep**
옷을 입다 : **get dressed**
열쇠를 잠그다 : **lock**
집을 나서다 : **leave home**
출근하다 : **commute**
집으로 돌아오다 : **come home**
목욕하다 : **take a bath**
샤워하다 : **take a shower**
자다 : **sleep**
낮잠자다 : **take a nap**
식사 : **meal**

간식 : **snack**
집안일 : **housework**
청소 : **cleaning**
청소기 : **vacuum**
정돈하다 : **tidy up**
세탁 : **washing**
세탁물 : **laundry**
세제 : **detergent**
식사 준비를 하다 : **prepare a meal**
식탁을 차리다 : **set the table**
식탁을 치우다 : **clear the table**
설거지하다 : **do the dishes**
쓰레기 : **garbage**

02 대화 표현 Discussion

✳✳ 말을 걸다

실례합니다.	Excuse me. / Pardon me.
실례합니다. 뭘 떨어뜨리셨네요.	Excuse me. you dropped something.
실례합니다. 여긴 금연 구역인데요.	Excuse me. this is a non-smoking area.
저기.	You know what?
들어 봐!	Listen!
저기요.	Miss! / Madame!(여성), Sir!(남성)
여기 좀 보세요.	Look here.
모두, 잠깐 주목해 주시겠어요?	Everybody, may I have your attention, please?
방해해서 미안한데요.	Sorry to bother you.
이야기 중에 미안한데요.	Sorry to interrupt.
이야기 좀 할 수 있을까요?	Can I talk to you?
이야기 좀 할 수 있나요?	Can I have word with you?
할 말이 있어.	I tell you what.
할 말이 있는데요.	I have something to tell you. / I need tell you something.
시간 좀 있나요? 지금, 잠깐 괜찮겠어요?	Do you have a minute?
잠깐 이야기 좀 할까요?	Do you have a second?
잠깐만 이야기하면 돼요.	I'll tell it to you fast.

이봐요. 들었어요?	Hey, have you heard?
이봐, 들어 봐.	Hey, want to know something?
듣고 싶니?	Do you want to hear?
이 얘길 들으면 놀랄 걸.	You'll be surprised to hear this.
나한테 말하는 거야?	Are you speaking to me?
무슨 얘기야?	What's going on? / What are you talking about?
한 마디만 들려주고 싶은데.	Let me tell you a thing or two.
말하는 중이니까 끼여들지 마.	Stop interrupting me while I'm talking.

✱✱ 확인하다

끝까지 들어요.	Listen up.
내 말 좀 들어 봐요.	Hear me out.
주의해서 듣고 있어요?	Are you paying attention?
듣고 있어요?	Do you hear me?
이해하셨습니까?	Do you understand?
알겠어?	Get the message?
제가 말하는 것을 이해하셨습니까?	Are you following me?
제가 말하는 것을 아셨습니까?	Are you with me?
제가 말씀드리고 있는 뜻을 아시겠습니까?	Do you know what I mean?
제가 무슨 말 하는지 아시겠습니까?	Do you know what I'm talking about?
말하는 뜻을 아시겠습니까?	Do you get the message?
어떻게 된 건지 알겠어?	Get the picture?

너도 나한테 동의하지?	You agree with me, don't you?

** 맞장구치다

듣고 있어요.	I hear you.
듣고 있습니다.	I'm listening to you.
열심히 듣고 있어요.	I'm all ears.
계속하세요.	Go on.
그거 흥미롭네요.	That's interesting.
그거 끔찍하네요.	That's terrible.
그거 놀랍네요.	That's surprising.
뭐?	See?
그게 뭐?	So what?
가령?	Like what?
그런 얘길 들으니 기뻐.	Glad to hear that.
그런 얘길 들으니 안 좋다.	Sorry to hear that.
그거 유감이다.	That's a shame.
역시나.	That figures.
정말?	Really?
설마!	Not really!
그래요?	Is that so?
아, 그러세요?	Oh, do you?
아, 그러셨어요?	Oh, you did?
확신해?	Are you sure?
확실해.	That's for sure.
뭐 때문에?	What for?

누가 그렇게 말해?	Who said that?
그거 누구 아이디어야?	Whose idea is that?
그가 정말 그렇게 말했어?	Did he really say that?

✱✱ 알겠다

과연.	I see.
이해하겠어요.	I understand.
당신 입장을 이해해요.	I understand your position.
알고 있어요.	I know.
당신이 말하는 뜻을 알겠습니다.	I see what you mean.
당신이 무슨 말씀하시는지 알겠습니다.	I know what you're talking about.
알겠어요.	I get the picture.
이해가 되네요.	It makes sense to me.
말씀 이해합니다.	I'm with you.
알았어요.	I got it.
그렇게 생각합니다.	I think so.
확실히 그렇죠.	That's true.
바로 그거예요.	That's it.
그거 좋네요.	That's good.

✱✱ 모르겠다

모릅니다.	I don't know.
모르겠어요.	I don't understand.
확실히 그래.	That's true.

그건 몰랐습니다.	I didn't know that.
확실하게는 모르겠습니다.	I'm not sure.
무슨 말인지 모르겠어요.	I don't follow you.
무슨 말씀인지 모르겠습니다.	I don't quite get you.
이해하기 어렵네요.	It's tough to figure.
죄송하지만, 말씀하시는 바를 모르겠습니다.	I'm sorry I don't follow you.
그건 무슨 의미입니까?	What does it mean?
어떤 의미에서 하신 말씀입니까?	What do you mean?
요점을 말해 주겠어요?	Would you get to the point?
그건 이해가 안 되네요.	It's out of my depth.

✲ 못 알아들었다

뭐?	What?
뭐라고요?	I beg your pardon?
뭐라고 하셨죠?	Excuse me?
미안합니다.	I'm sorry.
미안합니다. 제대로 못 들었어요.	I'm sorry. I missed that.
잘못 들었어요.	I can't hear you.
무엇입니까?	What was that?
뭐라고 말했지?	You said what?
뭐라고 말하셨나요?	What did you say?
다시 한번 부탁합니다.	Say it again, please.
다시 한번 말씀해 주시지 않겠습니까?	Could you please repeat that?

그거, 다시 한번 설명해 주시겠습니까?	Could you explain that again?
그것을 좀더 쉬운 말로 해주시겠습니까?	Could you say that again in simpler language?
좀더 큰 소리로 부탁합니다.	Please speak louder.
좀더 천천히 말씀해 주세요.	Please speak more slowly.
종이에 써 주시겠습니까?	Could you write it down, please?

✽✽ 설명하기 어렵다

그것을 어떻게 설명해야 좋을지 모르겠군요.	I don't know how to explain it.
그것을 영어로 어떻게 말해야 좋을지 모르겠군요.	I don't know how to say it in English.
제가 하는 말을 이해하시겠습니까?	Do you understand what I'm saying?
적절한 표현을 못 찾겠네요.	I can't find the proper words.

✽✽ 말을 잇다

예,	Well,
그러니까.	Let me see.
결국,	I mean,
제가 무슨 말을 했죠?	What was I saying?
어디까지 이야기했죠?	Where was I?
뭐라 말하면 좋을지 모르겠지만.	I don't know how to put this.
뭐라 말하면 좋을까?	How should I put this?
그걸 뭐라 그러죠?	What do you call it?

그걸 영어로 뭐라 그러죠?	What do you call it in English?
적당한 단어가 생각나지 않네요.	I can't think of the right word.
제가 아는 한에서는,	As far as I know,
개인적으로는,	Personally,
확실하게 말해서,	To be frank,
진지한 이야기로,	Seriously,
요점을 말하자면,	Coming to the point,

화제를 바꾸다

화제를 바꾸죠.	Let's change the subject.
그럼 이제,	Now, / Well then,
어쨌거나,	By the way,
주제를 바꾸면,	To change the subject,
이야기가 주제에서 벗어났네요.	We've digressed from the subject.
주제로 돌아가죠.	Let's get back to the subject.
다음 화제로 옮기죠.	Let's go on to the next subject.
그 이야기는 나중에 하죠.	We should talk about it later.
그것에 대해서는 다음번에 이야기하죠.	Let's talk about it some other time.
그 이야기는 그만 둬요.	Let's drop the subject.
지금은 그 일을 말하고 싶지 않아요.	I don't want to talk about it now.
그것은 지금 이야기할 만한 일이 아니에요.	It's not appropriate to talk about it now.
그 이야기는 하면 안 돼.	That subject is off-limits.

✲✲ 이야기를 재촉하다

말해.	**Tell me.**
빨리 말해.	**Tell me quick.**
제발 말해 줘.	**Tell me at once.**
좀더 자세히 말해 봐.	**Tell me more about it.**
그 이야기가 듣고 싶어.	**I'd like to hear about it.**
뭐든 말해 봐.	**Say something.**
흥미 있는데.	**I'm interested.**
뭘 생각하고 있어?	**What's on your mind?**
어땠어?	**How was it?**
어떻게 되었어?	**How did it go?**
마음에 들었니?	**Did you like it?**
네가 받은 인상은 어때?	**What was your impression?**

단 어 basic words

회화 : **conversation**
말하다 : **speak / talk / tall**
잡담(하다) : **chat**
듣다 : **listen / hear**
화제 : **subject / topic**
이해하다 : **understand**
이해 : **understanding**
의미(하다) : **mean**
질문(하다) : **question**
대답(하다) : **answer / reply**
상담하다 : **consult**
상담 : **consultation**

토론 : **discussion**
토론하다 : **discuss**
논쟁 : **argument**
논쟁하다 : **argue**
숙고하다 : **consider**
고려 : **consideration**
주장하다 : **insist**
설득하다 : **persuade**
타협하다 : **compromise**
(이야기가)빗나가다 : **stray / digress**
강의 : **lecture**
발표 : **presentation**

PART 5

인간관계를 말하다
Talk about Relationship

I have many friends. I have three close friends. Three of us always act together. Hansun is a good friend of mine. We're good friends. I get along with Hansun. Hansun is the only friend I can confide in. The girl you see in the picture with me is my childhood friend. She's my best friend. We grow up in the same neighborhood. We've been friends since we were in high school. We're classmates in high school. We haven't seen each other for years. He and I are not that close. She's a business acquaintance. A boy confessed his love for me the other day. I like Taegyu a lot, because he has an excellent sense of humor.

01 친구 · 이성 친구 Friend

✸ 친구에 대해

나는 친구가 많습니다.	**I have many friends.**
나에게는 친구가 세 명 있습니다.	**I have three close friends.**
우리 세 사람은 항상 행동을 같이하고 있습니다.	**Three of us always act together.**
한선은 제 좋은 친구입니다.	**Hansun is a good friend of mine.**
우리는 좋은 친구입니다.	**We're good friends.**
나는 한선과 뜻이 잘 맞습니다.	**I get along with Hansun.**
한선은 내가 마음을 털어놓을 수 있는 유일한 친구입니다.	**Hansun is the only friend I can confide in.**
사진에 나와 함께 있는 여자 아이는 내 어린 시절 친구입니다.	**The girl you see in the picture with me is my childhood friend.**
그녀는 제 소중한 친구입니다.	**She's my best friend.**
같은 동네에서 자랐습니다.	**We grow up in the same neighborhood.**
우리는 고등학교 때부터의 친구입니다.	**We've been friends since we were in high school.**
고등학교 같은 반 친구입니다.	**We're classmates in high school.**
벌써 몇 년이나 만나지 않았습니다.	**We haven't seen each other for years.**
그와 나는 그다지 친하지는 않습니다.	**He and I are not that close.**

그녀와는 일로 아는 사이입니다.	She's a business acquaintance.
나에게는 마음을 털어놓을 수 있는 친구가 한 사람도 없습니다.	I have no friends that I can open my heart to.
아무도 내 친구가 되고 싶어하지 않습니다.	No one wants to be my friend.
나는 고독합니다.	I feel lonely.

❋❋ 남자친구에 대해

일전에 남자아이로부터 좋아한다는 고백을 받았습니다.	A boy confessed his love for me the other day.
우리는 지금 교제중입니다.	We are going steady now.
지금의 남자친구와는 아르바이트하는 곳에서 알게 되었습니다.	I met my present boyfriend at my part-time job.
나는 태규를 디스코테크에서 알게 되었습니다.	I met Taigyu at a disco.
그와 처음 만난 것은 우리 학교 도서관에서였습니다.	It was in the school library that I first met him.
나는 번화가에서 그에게 찍혔습니다.	I was picked up by him downtown.
우리가 만난 것은 3개월 전입니다.	It was three months ago that we met.
태규와 나는 아주 마음이 잘 맞습니다.	Taegyu and I really go well together.
태규는 유머 센스가 있어서 나는 그를 아주 좋아합니다.	I like Taegyu a lot, because he has an excellent sense of humor.
그는 나를 자주 웃게 해줍니다.	He makes me laugh a lot.
나는 무엇을 할 때든 그와 함께합니다.	Whatever I do, I do with him.

그는 잘생겼고 머리도 아주 좋습니다.	He is good-looking and very smart.
내 남자친구는 여자아이들한테 인기가 많아서 조금 걱정입니다.	My boyfriend is popular with girls, and I worry a little bit.
전에 민수와 사귀었습니다.	I used to go out with Minsu.
오래 전에 헤어졌습니다.	We broke up long time ago.
현재 남자친구를 찾고 있는 중입니다.	I'm looking for my boyfriend now.
잘생긴 남자친구가 생기길 간절히 바랍니다.	How I wish I had a handsome boyfriend.

❊❊ 여자친구에 대해

수미와 사귀고 있습니다.	I'm seeing Sumi.
다른 학교 여자 아이와 만나고 있습니다.	I'm going out with a girl from a different school.
우리는 만나기 시작한 지 벌써 1년이 됩니다.	It will soon be one year since we started going out.
수미와는 고교 시절부터 아는 사이입니다.	I've known Sumi since senior high school.
그녀는 함께 있으면 아주 재미있는 사람입니다.	She is lots of fun to be with.
우리는 만난 지 2년이 되지만, 아직 한 번도 싸움을 한 적이 없습니다.	Two years have passed since we started to go out, but we have never had a single fight yet.
내 여자 친구는 아주 근사하고, 마치 패션 모델 같습니다.	My girl is gorgeous, and she looks like a fashion model.
나는 현재 두 여성과 만나고 있습니다.	I'm dating two girls now.
수지와 다시 만나고 있습니다.	I made up with Susi.

연애 감정 표현

나에게는 짝사랑하는 여성이 있습니다.	I'm in love with a girl who doesn't care a bit about me.
밤이나 낮이나 그녀를 생각합니다.	I think about her day and night.
처음 만난 순간에 그를 사랑하게 되어버렸습니다.	I fell in love with him the moment we met.
태규라고 하는 이름의 남성이 나의 특별한 사람입니다.	A man named Taegyu is very special to me.
나는 수미를 미칠 듯 사랑하고 있습니다.	I'm madly in love with Sumi.
나는 태규를 사랑하게 되었습니다.	I fell in love with Taegyu.
나는 상사병에 걸렸습니다.	I'm lovesick.
그가 내게 처음 키스했을 때, 내 가슴은 뛰었습니다.	When he kissed me for the first time, my heart beat very fast.
그녀에 대한 사랑은 시간이 갈수록 더 강렬해집니다.	My love for her grows with time.
태규를 만날 수 없는 날이 제일 괴롭습니다.	The days when I can't see Taegyu are my most painful days.

데이트에 대해

그녀에게 데이트를 처음 신청했을 때는 아주 긴장했습니다.	I was very nervous when I first asked her for a date.
우리의 첫 데이트는 롯데월드였습니다.	Our first date was in Lotte World.
첫 데이트에서 나는 긴장해서 거의 아무 말도 할 수 없었습니다.	On our first date, I got so nervous that I could hardly talk.

우리는 데이트를 항상 호화로운 식사로 마쳤습니다.	We always end our dates with a gorgeous dinner.
예전에는 함께 영화를 보러 자주 갔었지만, 요즘에는 전처럼 가지 않습니다.	We used to go to the movies together, but nowadays we don't go as many times as before.
일이 바빠서, 생각만큼 그녀를 만날 수 없습니다.	My work keeps me busy, and I can't see her as often as I want.
두 사람 다 아주 바빠서, 만날 수 있는 기회를 좀처럼 만들 수 없습니다.	We both are very busy and we can rarely find the chance to meet.
전화할 때마다 그녀는 집에 없습니다.	She is not home every time I give her a call.
나는 이제 더 이상 수미와 데이트하지 않습니다.	I'm no longer dating Sumi.
아직 그녀와 데이트한 적이 없습니다.	I haven't had a date with her yet.

※※ 말다툼에 대해

최근, 나와 여자친구는 사소한 일로 말다툼을 합니다.	Recently my girlfriend and I quarrel about nothing.
우리는 둘 다 제멋대로라서, 항상 마지막에는 싸움이 되어 버립니다.	We are both selfish, and we always end up fighting.

※※ 실연에 대해

아주 좋아한 남자 선배에게 여자친구가 있다는 사실을 알고 충격을 받았습니다.	I'm shocked to find that a senior boy I'm in love with has a girlfriend.
나는 그녀에게 빠져 있지만, 그녀는 다른 사람을 좋아하는 것 같습니다.	I'm crazy about her, but she seems to like someone else.

다른 여성과 교제하고 있는 것 같습니다.	He seems to be seeing another woman.
그에게 있어 나 같은 건 없는 거나 마찬가지입니다.	To him I do not exist.
태규와 나는 지난달에 헤어졌습니다.	Taegyu and I broke up last month.
그녀는 나를 떠났습니다.	She left me.
한동안은 괴로웠지만, 지금은 완전히 극복했습니다.	I suffered for a while, but now I am over it.
나는 실연당했습니다.	I was disappointed in love.
나는 태규의 사랑을 얻지 못했습니다.	I failed to win Taegyu's heart.
나는 아직도 그녀를 잊을 수 없습니다.	I still can't get her out of any mind.

✳✳ 권태기에 대해

이제는 그녀에게 흥미가 없습니다.	I'm not interested in her anymore.
두 번 다시 그녀를 만나고 싶지 않습니다.	I don't want to see her again.
유감스럽게도 그녀에 대한 사랑은 식어 버렸습니다.	To my regret, my love for her has cooled.
그녀는 처음부터 다시 시작하고 싶다고 하지만, 나는 그렇지 않습니다.	She says she wants to start from the beginning again, but I don't.
나는 그와 헤어지고 싶습니다.	I want to break up with him.

✼✼ 결혼에 대해

그녀와의 결혼을 생각하고 있습니다.	I'm thinking about getting married to her.
우리는 결혼을 전제로 교제하고 있습니다.	We go out with the idea of getting married.
가능하면 지금의 여자친구와 결혼하고 싶습니다.	I want to marry my current girl friend, if I can.
아직 결혼에는 전혀 흥미가 없습니다.	I'm not interested in marriage at all yet.

✼✼ 데이트를 청하다

이번 주말에 시간 있습니까?	Are you free this weekend?
이번 주말에 일이 있습니까?	What are you up to this weekend?
이번 주 토요일에 계획이 있으신가요?	Do you have any plans for this Saturday?
아니오, 특별하게는 없습니다.	No, not especially.
이번 토요일에 저와 데이트하시겠습니까?	Would you go out with me this Saturday?
내일 만날 수 있습니까?	Can I see you tomorrow?
당신의 전화번호를 가르쳐 주시겠어요?	Can I have your phone number?
당신 집에 전화해도 좋습니까?	Can I call your house?
우리 집에 안 오시겠어요?	Would you like to come to my place?
나와 커피하시는 거 어떠세요?	What would you say to having a cup of coffee with me?
한 잔 하러 갑시다.	Let's go have a drink.
오늘 밤, 나와 함께 식사하시는 거 어떠세요?	Would you like to have dinner with me tonight?

달리 계획이 없으면 춤추러 가지 않겠습니까?	If you don't have other plans, would you like to go dancing?
뮤지컬 보러 가는 건 어떻습니까? '캣츠' 표가 두 장 있는데요.	How about going to the musical? I have two tickets of 'CATS'.
글쎄요.	Let me see.
오, 그러고 싶어요. 그거 아주 멋지겠는데요.	Oh, I'd love to. That'll be great.
몇 시에 만날까요?	At what time shall we meet?
4시는 어때요?	How about 4 o'clock?
자, 어디로 갈까요?	Well. where shall we go?
영화 보러 가죠.	Let's go to the movies.
오늘 아주 즐거웠어요.	I had a good time today.
저도 즐거웠습니다. 다시 만나 주시겠어요?	Me, too. Will you see me again?

✸✸ 거절하다

흥미 없습니다.	I'm not interested.
다른 사람과 만나고 있어서요.	I'm seeing someone else.
달리 계획이 있어서요.	I have other plans.
급한 일이 생겨서요.	Something suddenly came up.
스케줄이 꽉차서요.	My calendar is full.
머리를 감아야 해서요.	I have to wash my hair.
두통이 있어서요.	I have a headache.

❄❄ 고백하다

말하고 싶은 것이 하나 있어요.	I've got one thing to say.
당신과 교제하고 싶어요.	I'd like to go out with you.
너의 남자친구가 되고 싶어.	I'd like to be your boyfriend.
당신에 대해 더 알고 싶어.	I want to know you better.
요즘에는 당신을 매일 생각하고 있어요.	Recently I think of you every day.
하루 종일 당신을 생각하고 있어요.	I think about you all day long.
당신 생각이 머리에서 떠나지 않아요.	I can't get you out of my mind.
아침에 눈을 뜨면 제일 먼저 생각나는 사람은 당신이에요.	You are my first thought when I wake up in the morning.
당신을 생각하면 항상 아주 행복한 기분이 듭니다.	Whenever I think about you I feel very happy.
당신 같은 사람은 처음입니다.	I've never met a person like you before.
보고 싶어서 견딜 수가 없어요.	I'm dying to see you.
당신이 정말 그리워요.	I really miss you a lot.
당신을 좋아합니다.	I care for you. / I like you a lot.
당신을 사랑합니다.	I love you. / I'm in love with you.
당신을 처음 만났을 때부터 좋아했습니다.	I've liked you ever since I first saw you.
당신을 알게 되면 될수록 당신을 더욱 사랑하게 됩니다.	The more I get to know you, the more I love you.
당신한테 미쳐 있습니다.	I'm crazy about you.

미칠 정도로 당신을 사랑하고 있습니다.	I'm madly in love with you.
온 마음으로 당신을 사랑합니다.	I love you with all my heart.
당신을 사랑할 수밖에 없습니다.	I can't stop loving you.
내가 사랑하는 사람은 당신뿐입니다.	You are the only one I love.
당신을 가장 사랑하는 사람은 바로 나입니다.	No one loves you as much as I do.
지금까지 누군가를 이렇게 사랑한 적이 없습니다.	I've never loved anyone like this before.
당신에 대한 사랑을 어떻게 표현하면 좋을지 모르겠습니다.	I don't know how to describe my love for you.
어떤 말로도 당신에 대한 사랑을 표현할 수 없습니다.	No words can describe my love for you.
당신이 필요합니다.	I need you.
당신을 원합니다.	I want you.
어떤 일이 있어도 당신을 원합니다.	I have to have you.
당신을 위해서라면 무슨 일이든 하겠어요.	I'll do anything for you.
당신은 내 모든 것입니다.	You are everything to me.

✻✻ 청혼하다

내 사랑이 되어 주십시오.	Be my love.
당신 없는 인생은 생각할 수 없습니다.	I can't think of my life without you.
항상 내 곁에 있어 주세요.	I want you to be with me all the time.

어떤 일이 있어도 당신과 함께 있고 싶어요.	I want to be with you no matter what happens.
절대로 당신을 떠나보내지 않겠습니다.	I'll never let you go.
당신은 내 인생의 기쁨입니다.	You are the joy of my life.
당신은 내게 있어 너무 소중한 사람입니다.	You mean so much to me.
당신에 대한 사랑은 영원할 것입니다.	I'll love you forever.
나와 결혼해 주세요.	Please marry me.
결혼해 주시겠어요?	Will you marry me please?
나와 결혼해 주시기 바래요.	I want to ask you to marry me.
앞으로의 인생을 당신과 함께 보내고 싶습니다.	I'd like to live with you the rest of my life.
당신과 함께 이 인생을 나누고 싶습니다.	I'd like to share this life with you.
당신과 인생의 기쁨과 슬픔을 함께 나누고 싶습니다.	I'd like to share both the happiness and the sadness of life with you.

❋❋ 헤어지자고 하다

멋진 추억 고마워요.	Thank you for wonderful memories.
그냥 친구로 지내요.	Let's just be friends.
당신은 이제 옛날의 당신이 아니에요.	You are not what you used to be.
당신은 변했어.	You've changed.
당신은 내가 알던 사람이 아니에요.	You are not the person I used to know.
이제 당신에게 더이상 흥미가 없어요.	I'm not interested in you anymore.

당신과 함께 있어도 아무것도 느낄 수 없어요.	I feel nothing even when I'm with you.
당신과 함께 있어도 이제 조금도 즐겁지 않아요.	It's no longer fun to be with you.
우리 관계는 이제 끝입니다.	Our relationship is over.
우린 끝났어요.	We're finished.
당신은 이제 과거의 사람입니다.	You are history.
이제 당신 같은 사람 사랑하지 않아요.	I don't love you anymore.
이제 당신과는 만날 수 없습니다.	I can't see you anymore.
같은 직장에서 일하는 남자와 약혼했어요.	I got engaged to a man working in the office with me.
헤어지고 싶어요.	I want to break up with you.
당신이라면 분명 나보다 좋은 사람을 만날 겁니다.	I'm sure you'll find a much better person than me.
당신을 영원히 생각할 거예요.	I'll always think of you.

단 어 basic words

관계 : **relation**
남자친구(애인) : **boyfriend**
여자친구(애인) : **girlfriend**
오래된 친구 : **old friend**
반 친구 : **classmate**
단짝 : **pal**
친하다 : **close**

개인적인 : **private**
…와 사귀다 : **see / go out with**
약혼중인 : **engaged**
결혼하다 : **get married**
별거하다 : **get separated**
이혼하다 : **get divorced**

02 가족 Family

✱✱ 가족 구성에 대해

당신에 대해 좀 알려 주세요.	Please tell me something about yourself.
당신 가족에 대해 말해 주세요.	Will you tell me about your family?
당신은 형제나 자매가 있습니까?	Do you have any brothers or sisters?
당신은 형제자매가 몇이에요?	How many brothers and sisters do you have?
당신의 가족은 몇 명입니까?	How many people are there in your family?
당신은 가족과 함께 살고 있습니까?	Do you live with your family?
당신은 혼자 삽니까?	Do you live alone?
저는 결혼했습니다.	I'm married.
저는 독신이에요.	I'm single.
결혼한 지 3년째입니다.	We've been married for three years.
우리 가족을 소개하고 싶습니다.	I'd like to introduce my family.
저는 부모님과 살아요.	I live with my parents.
우리 집은 대가족입니다.	We have a big family.
우리 가족은 다섯 명입니다.	There are five people in my family.
우리 집은 다섯 명으로, 부모님, 형, 여동생, 그리고 저입니다.	We are a family of five; my parents, my brother, my sister and me.
우리 집은 어머니를 제외하면 전부 남자입니다.	My family consists of all men except my mother.

나는 세 아이 중에서 제일 연상입니다.	I'm the oldest of the three children.
나는 삼형제의 막내입니다.	I'm the youngest of the three brothers.
나는 우리 집에서 제일 어립니다.	I'm the youngest in my family.
나는 첫째 딸입니다.	I'm the eldest daughter.
나는 둘째 딸입니다.	I'm the second daughter.
나는 여동생은 하나 있지만, 남자 형제는 없습니다.	I have one sister, but no brothers.
언니는 나보다 두 살 위입니다.	My sister is two years older than I.
나에게는 남동생이 하나, 여동생이 하나 있습니다.	I have one brother and one sister.
내 남동생은 중학교에 다닙니다.	My brother goes to junior high school.
그 애는 나보다 다섯 살 밑입니다.	He is five years younger than I.
나와 남동생은 다섯 살 차이입니다.	There are five years difference between me and my younger brother.
제일 위 형은 이미 결혼했습니다.	My eldest brother is already married.
나는 서울에서 혼자 살고 있습니다.	I'm living alone in Seoul now.
저는 외동입니다.	I'm an only child.
외아들입니다.	I'm an only son.
형제도 자매도 없습니다.	I have no brothers and no sisters.
전 외동이기 때문에 때때로 형재나 자매가 있는 사람이 부럽습니다.	As I'm an only child, I sometimes envy people who have brothers or sisters.

✤ 부모님에 대해

부모님은 건강하십니다.	My parents are very well.
부모님과 함께 살고 있습니다.	I live with my parents.
부모님은 이혼하셨습니다.	My parents are divorced.
부모님은 별거하고 있습니다.	My parents live separately.
부모님이 이혼하셔서, 지금 저는 어머니와 함께 살고 있습니다.	My parents are divorced, and I live with my mother now.
저는 부모님이 안 계십니다.	My parents are not living.
부모님은 내가 열 살 때 교통사고로 돌아가셨습니다.	My parents were killed in a traffic accident when I was ten years old.
나는 조부모님과 살고 있습니다.	I live with my grandparents.
조부모님께서 저를 돌봐 주고 계십니다.	My grandparents take care of me.
할아버지는 벌써 85세이시지만, 아주 정정하십니다.	My grandfather is already 85 years old, but he is still very lively.
당신 아버지는 무슨 일을 하세요?	What does your father do?
아버지는 컴퓨터 회사에서 근무하고 계십니다.	My father works for a computer company.
아버지는 무역회사 부장님이십니다.	My father works for a trading company as a manager.
아버지는 자영업을 하십니다.	My father is self-employed.
우리 집은 상점가에서 레스토랑을 경영하고 있습니다.	My family runs a restaurant in a shopping center.
아버지는 일이 바빠서 매일 밤 11시경에 귀가하십니다.	My father is busy with his work and comes home every day at about 11 p.m.

아버지는 일 때문에 혼자 서울에 가 계십니다.	My father lives alone and works in Seoul.
그는 매주 토요일에 내려오시고, 다시 일요일 밤에 서울로 올라가십니다.	He comes home every Saturday and goes back to Seoul at night on Sunday.
아버지는 작년에 직장을 그만두시고 케이크 가게를 시작하셨습니다.	My father resigned his post and started a confectionery.
아버지는 굉장히 엄격하시지만, 동시에 저를 잘 이해해 주십니다.	My father is very strict, but at the same time he understands me.
나는 아버지를 존경합니다.	I respect my father.
아버지는 집안의 기둥이십니다.	My father is the breadwinner of the family.
아버지는 제가 어릴 때 암으로 돌아가셨습니다.	My father died of cancer in my early childhood.
어머니는 전업주부십니다.	My mother is a full-time housewife.
어머니는 우리를 돌보시느라 매일 아주 바쁘십니다.	My mother is very busy every day taking care of us.
어머니는 일을 하십니다.	My mother is working.
어머니는 식료품점에서 시간제로 일하고 계십니다.	My mother works part-time in a grocery store.
어머니는 일주일에 나흘, 근처 슈퍼마켓에서 시간제로 일하십니다.	My mother works in a nearby supermarket four days a week.
어머니는 근처 아이들에게 영어를 가르치시면서 가사 일을 하십니다.	My mother teaches neighboring children English, while taking car of the house.
어머니는 고등학교에서 음악을 가르치십니다.	My mother teaches music at a senior high school.
어머니는 나이에 비해 젊어 보이십니다.	My mother looks young for her age.

어머니는 50살이시지만, 그 나이로는 보이지 않습니다.	My mother is fifty years old, but she doesn't look it.
어머니는 요리를 아주 잘하십니다.	My mother is good at cooking.
어머니는 미망인이십니다.	My mother is a widow.

✱✱ 형제, 자매에 대해

형은 대학에서 경제학을 전공하고 있습니다.	My elder brother is majoring in Economics at college.
형은 대학을 졸업하고 공무원이 되었습니다.	My elder brother became a government official after graduating from college.
형은 변호사가 되기 위해 필사적으로 공부하고 있습니다.	My elder brother is studying hard to be a lawyer.
나에게 준이라는 이름의 동생이 있습니다.	I have a younger brother whose name is Jun.
동생, 준은 고등학교 2학년입니다.	My younger brother, Jun, is in the second year of a senior high school.
동생은 작년에 대학입시에 실패해서 재수를 하고 있습니다.	My younger brother is studying for the university entrance exams after failing them last time.
동생은 독서가입니다.	My younger brother is a great reader.
그는 시간만 나면 소설을 읽습니다.	He is reading novels whenever he finds time.
그는 집에 돌아오면 곧바로 자기 방에 틀어박혀서 컴퓨터 게임을 합니다.	He runs to his own room to play computer games as soon as he gets back home.
그는 프로 골퍼가 되고 싶다고 합니다.	He says he wants to be a professional golf player.
동생이 아버지 회사를 물려받을 거라고 생각합니다.	My younger brother will take over our father's company.

나와 동생은 항상 사소한 일로 싸웁니다.	My younger brother and I are always quarreling over trifles.
나는 동생과 아주 사이좋게 지냅니다.	I get on very well with my younger brother.
누나는 은행에서 일하고 있습니다.	My elder sister works in a bank.
누나는 금년 6월에 결혼하기로 되어 있습니다.	My elder sister is going to marry this coming June.
누나는 결혼해서 광주에 살고 있습니다.	My elder sister is married and lives in Gwangju.
여동생은 디자이너 전문학교에 다니고 있습니다.	My younger sister goes to a college for designers.
여동생과 나는 나이 차이가 꽤 많이 납니다.	There is a big difference of age between me and my younger sister.
그녀는 공립 초등학교 3학년입니다.	She is in the third year at a public elementary school.
그녀는 스튜어디스가 되어 세계를 돌아다니고 싶다는 꿈을 가지고 있습니다.	She has a dream of becoming a stewardess and seeing the world.

✽✽ 자녀에 대해

아이는 있습니까?	Do you have any children?
아이들이 몇 명이에요?	How many children do you have?
아들이 하나, 딸이 두 명 있습니다.	We have a son and two daughters.
자식은 없습니다.	We don't have any children.
아들이 몇 살이에요?	How old is your son?
6살된 남자 아이가 있어요.	I'v got a six-year old boy.
애들은 학교에 다니나요?	Do they go to school?

아들은 초등학생이에요.   My son is in elementary school.

곧 아이가 태어나요.   We're expecting a baby.

4월에 태어날 예정이에요.   The baby is due in April.

아이는 언제 가질 예정이죠?   When are you going to have children?

단 어 basic words

…보다 : **than**
…이 되다 : **become**
가장 나이 많은 : **oldest**
가장 나이 어린 : **youngest**
가족 : **family**
결혼한 : **married**
고등학교 : **senier high school**
공립학교 : **public school**
대학교 : **university**
더 나이 많은 : **older**
더 나이 어린 : **younger**
독신 : **single**
둘째 : **second**
딸 : **daughter**
물려받다 : **take over**
미망인 : **widow**
부모 : **parents**
사이 : **between**
사이좋게 지내다 : **get on well**
세 : **years**
셋째 : **third**
소개하다 : **introduce**

소녀 : **girl**
소년 : **boy**
아들 : **son**
아버지 : **father**
아이 : **child**
아이들 : **children**
약혼한 : **engaged**
어머니 : **mother**
외동 : **only child**
이혼한 : **divorced**
자매 : **sisters**
전문학교 : **college**
조부모 : **grandparents**
중학교 : **junior high school**
차이 : **difference**
첫째 : **eldest**
초등학교 : **elementary school**
할머니 : **grandmother**
할아버지 : **grandfather**
형제 : **brothers**
혼자 살다 : **live alone**
회사 : **company**

PART 6

사람들과 사귀다

Keep company

Are you free this weekend? Are you free this afternoon? Are you free after work? Do you have a minute? From what time will you be free? Up to what time will you be free? Are you available this coming Saturday? Could you keep next Saturday evening free for me? Do you have plans for tomorrow? Do you want to get together tomorrow? Are you busy tomorrow? Let's go out for lunch. How about some coffee? How about having dinner together? Let's go out for a drink tonight. Would you like to come with us? How about going out for a beer for a change? Why don't you join us? I'm going to have a little party next Saturday.

01 약속하다 Promise

** 시간이 있는지 묻다

이번 주말 한가해요?	Are you free this weekend?
오늘 오후에 한가해요?	Are you free this afternoon?
업무 끝나고 한가해요?	Are you free after work?
시간 좀 있어요?	Do you have a minute?
몇 시부터 시간 있어요?	From what time will you be free?
몇 시까지 시간이 있어요?	Up to what time will you be free?
이번 토요일에는 스케줄이 비어 있나요?	Are you available this coming Saturday?
저를 위해 내주 토요일 저녁을 비워 주시지 않겠습니까?	Could you keep next Saturday evening free for me?
내일 뭔가 계획이 있나요?	Do you have plans for tomorrow?
내일 만날까요?	Do you want to get together tomorrow?
내일 바빠요?	Are you busy tomorrow?

** 식당·커피숍 등에 가자고 청하다

점심이나 먹으러 가죠.	Let's go out for lunch.
커피라도 한 잔?	How about some coffee?
함께 저녁 식사라도 하면?	How about having dinner together?
오늘 저녁, 한잔 마시러 가죠.	Let's go out for a drink tonight.
함께 가지 않을래요?	Would you like to come with us?

기분 전환할 겸 맥주라도 마시면 어떻겠어요?	How about going out for a beer for a change?
함께하죠?	Why don't you join us?
조만간 모이죠?	Let's get together sometime.
노래방에 가서 놀아요.	Let's go to noraebang and have fun.

❖ 집으로 초대하다

집에 오지 않을래?	Why don't you come over?
꼭 우리 집에 와 주세요.	Please come to my house.
네가 와 줬으면 해.	I'd like you to come.
이번 토요일, 당신을 저녁 식사에 초대하고 싶습니다만.	I'd like to invite you to dinner this Saturday.
선약이 없으시면 꼭 저희 집에 와 주세요.	Please come and see me if you have no previous engagement.
오늘 저녁 제 집에 오시겠습니까?	Can you come to my house this evening?
토요일 밤 저녁 모임에 와 주시면 기쁘겠습니다.	I would be delighted if you could come to dinner on Saturday night.

❖ 파티에 초대하다

내주 토요일에 조그만 파티를 열려고 합니다.	I'm going to have a little party next Saturday.
친구의 한 사람으로서 제 생일 파티에 초대하고 싶은데요.	I'd like to invite you to my birthday party as one of my friends.
제 조그만 파티에 와 주시겠습니까?	Would you care to come to my little party?
파티에 참가해 주시면 기쁘게 생각하겠습니다.	I should be very delighted if you manage to attend the party.

기다리고 있겠습니다.	I'll be waiting for you.
내주 토요일 제 파티에 당신이 참석하시기를 기대하겠습니다.	I shall expect you at my party next Saturday.
꼭 와 주세요.	Do try to come.
그 날, 달리 예정이 없으시다면 꼭 와 주세요.	If you have no other plans for the day, please come and join us.
와 주시면 대단히 기쁘겠습니다.	I shall be very glad if you can come.
어떻게든 짬을 내서 참석해 주세요.	I hope you can manage to come.
만약 오시기 어렵다면 알려 주세요.	If you should be prevented from coming, please let me know.
정말 오실 수 있어요?	Are you sure you can come?
부인과 함께 오세요.	Please come with your wife.
여동생 데려 오는 거 잊지 마세요.	Don't forget to bring your sister with you.

** 초대를 받아들이다

네, 한가해요.	Yes, I'm free.
불러 줘서 기뻐.	I'd love to.
물론 가야지.	Sure.
당연히 가야지.	Why not?
그거 좋은데.	That'll be nice.
그렇게 하죠.	Yes, let's.
저도 껴 줘요.	Count me in.
재미있겠네요.	Sounds like fun.
불러 주셔서 고마워요.	Thank you for asking.

초대해 주셔서 정말 감사합니다.	Thank you very much for your kind invitation.
기꺼이 가겠습니다.	I shall be pleased to come.
기꺼이 만나겠습니다.	I shall be pleased to see you.
분명히 갈 수 있을 겁니다.	I'm sure I can come.
초대 기꺼이 받아들이겠습니다.	I accept your invitation with pleasure.

✲ 초대를 거절하다

지금 좀 바쁜데.	I'm a bit tied up now.
지금 시간이 없는데요.	I haven't got time now.
죄송하지만 안 되겠네요.	Sorry but I can't.
참가할 수 있으면 좋으련만.	I wish I could join.
그 날은 시간이 날지 어떨지 모르겠습니다.	I'm not quite sure whether I'll be free on that day.
다른 예정이 있어서요.	I have plans.
오늘 누가 오기로 되어 있어요.	I'm expecting visitors today.
유감스럽지만 선약이 있습니다.	I'm sorry, but I have a previous engagement.
그 날 오후에는 의사와 약속이 되어 있습니다.	I have an appointment with the doctor on that afternoon.
죄송하지만 갈 수 없을 것 같습니다.	I'm afraid I can't seem to make it.
이번은 빼 주세요.	I'll pass this time.
다음 기회에 하죠.	Maybe some other time.
다음 번으로 해도 되겠어요?	Can I take a rain check?
다음 기회에 초대해 주세요.	I hope you'll ask me again sometime.

그러고 싶지만, 다른 약속이 있어요.	I'd love to, but I have another appointment.

✱✱ 초대를 바라다

너희 집에 가도 좋아?	Can I come over?
오늘 오후에 댁에 찾아가도 될까요?	Could I come over this afternoon?
오늘 저녁에 당신 집에 들러도 괜찮을까요?	Do you mind if I stop by this evening?
당신 집에 들르면 폐가 될까요?	Would it be a problem if I dropped by?

✱✱ 약속 시간을 정하다

언제 만날까?	When shall we meet?
언제 만날 수 있을까?	When can we meet?
언제가 한가해요?	When are you available?
언제가 좋겠어요?	When is it convenient for you?
몇 시에 가면 좋을까요?	What time can I come?
언제쯤 가면 좋을까요?	When would be a good time for me to come over?
그곳에는 몇 시에 가면 됩니까?	What time should I be there?
몇 시에 만날 수 있습니까?	What time can I see you?
언제가 시간이 좋으세요?	When's a good time for you?
오늘 오후 어때요?	How about this afternoon?
5시에 시간이 날 거야.	I'll be free at five.
5시경에 기다리겠습니다.	I'll be expecting you at about five o'clock.

5시는 괜찮은가요?	Is five o'clock OK for you?
토요일 5시는 형편이 어떠세요?	Will Saturday evening at five o'clock be convenient?
5시경에는 가겠습니다.	I'll be there around five o'clock.
5시 30분까지는 가겠습니다.	I'll be there by five thirty.
가능한 한 빨리 와 주십시오.	Please try to come earlier, if you can.
가능한 빨리 만나고 싶어요.	I'd like to see you as soon as possible.
별일 없어요.	I'm quite flexible.
당신 좋을 대로 하세요.	It's up to you.
언제든 좋아요.	Anytime is fine.
당신 시간 있을 때요.	When you have time.
화요일만 빼고 언제든지요.	Any day except Tuesday.
다음 주는 바빠요.	I'll be busy next week.
그날은 안 되는데요.	That's a bad day for me.
스케줄을 확인해 볼게요.	I'll check my schedule.
만일 늦으면 핸드폰으로 전화할게.	I'll call your cellular if I come late.
늦지 마.	Please don't be late.

약속 장소를 정하다

어디에서 만날까?	Where shall we meet?
어디서 만나야 해?	Where should we meet it?
어디가 제일 편해요?	Where is the most convenient for you?
만나기에 어디가 좋아?	What's good place get together?
당신 회사 가까운 곳에서 만나요.	Let's meet near your office.

당신 회사 건물 밖에서 일곱 시에 기다릴게요.	I'll be waiting for you outside your office building at seven o'clock.
역 앞 커피숍에서 만나요.	Let's meet at the coffee shop in front of the station.
네가 어디에서 만날지 정해.	You decide where.
네가 장소를 정해.	You pick the place.
좋아, 너만 좋다면.	Fine, if it's all right with you.
레스토랑 약도를 팩스로 보낼게.	I'll fax you the map to the restaurant.
큰 건물이니까 찾기 쉬울 거야.	It's a big building, so you can find it easily.
근처에 좋은 커피숍이 있어요.	I know a fancy coffee shop nearby.
진짜 멋있는 곳을 알고 있어요.	I know a very nice place.

단 어 basic words

계획 : **plan**
망년회 : **year-end party**
모이다 : **get together**
모임 : **gathering / get-together**
바쁘다 : **busy / tied up**
선약 : **previous engagement**
송별회 : **farewell party**
스케줄을 다시 짜다 : **reschedule**
스케줄이 꽉찼다 : **booked**
시간을 낼 수 있다 : **flexible**
시간이 있다 : **available**
신년회 : **New Year's party**
연기하다 : **postpone / put off**

예정 : **schedule**
저녁식사 : **dinner**
조절 : **arrangement**
조절하다 : **arrange**
초대 : **invitation**
초대하다 : **invite**
취소하다 : **cancel**
틈, 여가 : **free**
파티 : **party**
함께하다 : **join**
형편이 안 좋다 : **inconvenient**
형편이 좋다 : **convenient**
환영회 : **welcome party**

02 방문하다 Visit

** 손님을 맞이하다

안녕하세요. 어서 들어오세요.	Hello, please come in.
우리 집에 잘 오셨어요!	Welcome to our place!
오셔서 기뻐요.	I'm so glad you've come.
잘 왔어.	Glad you could drop by.
집 찾기는 쉬우셨나요?	Was it easy to find our house?
앉으세요.	Please sit down.
이쪽에 앉으세요.	Please sit down over here.
이쪽에 앉으시겠어요?	Would you like to sit over here?
편하게 계세요.	Please make yourself comfortable.
코트를 벗으시겠어요?	Would you like to take off your coat?
윗도리는 여기 거세요.	Please hang your jacket here.
자기 집처럼 생각하세요.	My house is your house.
뭐 필요한 게 있으시면 주저 마시고 말씀하세요.	If there's anything you need, don't hesitate to ask.

** 방문하다

작은 선물이에요.	This is a small gift for you.
선물을 가져왔어요.	Here's something for you.
마음에 들어하시니 기뻐요.	I'm glad you like it.
좋은 집에서 사시네요.	You're living in a nice place.

방을 아름답게 꾸미셨네요.	You've decorated the room beautifully.
가족사진이 많으시군요.	You have a lot of family pictures.
이 사진은 어디에서 찍으신 거예요?	Where did you take this picture?
사진에 찍힌 이 사람은 누구예요?	Who is this person in the picture?

** 손님을 접대하다

뭐 좀 마시겠어요?	Would you like something to drink?
뭐 마실 것 좀 갖다 드릴까요?	Can I get you something to drink?
맥주 한 잔 더 줄까요?	Would you like another glass of beer?
저녁 식사 하세요.	Dinner is ready.
이것은 전형적인 한국 가정요리예요.	This is typical Korean home cuisine.
맛있어 보이네요.	It looks good.
전부 맛있어요.	Everything is so tasty.
좀더 드시겠어요?	Would you like some more?
이렇게 먹는 거예요.	Let me show you how to eat it.
한국 음식을 좋아하세요?	Do you like Korean food?
먹을 수 없는 게 있나요?	Is there anything you don't eat?
만드는 법을 보여 드릴게요.	I'll show you how to make it.
요리법을 적어 드릴게요.	I'll give you the recipe.
많이 드셨어요?	Have you had enough?
많이 먹었습니다.	I'm satisfied.
충분히 먹었어요.	I've enough.
후식 드실래요?	Would you like some dessert?

훌륭한 저녁 식사였어요.	This was a wonderful dinner.
매우 맛있는 저녁 식사였어요.	This was a delicious dinner.

❄❄ 돌아가겠다고 말하다

저런, 많이 늦었네요.	Well, it's getting late.
벌써 시간이 이렇게 됐나요?	Is it that late already?
시간이 됐군요.	The time has come.
갈 시간이네요.	It's about time to leave.
식사하고 곧바로 가는 건 싫습니다만.	I hate to eat and run.
더 머무르고 싶지만.	I wish I could stay longer.
오래 눌러앉아 미움받고 싶지 않은데요.	I don't want to wear out my welcome.
유감스럽게도 이제 가 봐야겠어요.	I'm afraid I must be going.
이제 가 봐야겠어요.	I've got to be going.
슬슬 가야겠는데요.	I've got to take off now.
가야겠어요.	I have to go now.
지금 가야겠네요.	I think I should be going now.
가야 하신다니 아쉽네요.	It's too bad you have to go.

❄❄ 작별 인사

당신과 이야기하면서 즐거웠어요.	It's been nice talking with you.
불러 주셔서 감사했습니다.	Thanks for having me over.
초대해 주셔서 감사했습니다.	Thank you for inviting me.

멋진 밤 고마웠습니다.	Thank you for a lovely evening.
친절한 대접 감사드립니다.	Thank you for your hospitality.
너무 즐거웠어요.	I had a very good time.
멋진 시간 보냈습니다.	I've had a wonderful time.
오늘은 아주 멋진 저녁이었습니다.	This was a delightful evening.
다음번엔 꼭 저희 집에 와 주세요.	Please come to my place next time.
저희가 기쁘죠.	It's been our pleasure.
와 주셔서 감사했습니다.	Thank you for coming.
와 주어서 기뻐.	I'm glad you came.
들러 주셔서 감사합니다.	Thanks for stopping over.
조만간 또 오세요.	Come back soon.
언제라도 와 주세요.	Come back anytime.
조만간 또 봐요.	See you soon.
잊으신 물건 없으세요?	Do you have everything?

단 어 basic words

기쁘다 : **glad**	음료 : **drink**
늦다 : **late**	음식 : **food**
들르다 : **grop by / stop over**	집 : **house**
맛있다 : **tasty / delicious**	찾다 : **find**
멋지다 : **delightful**	친절 : **hospitality**
선물 : **gift**	편하다 : **comfortable**
요리 : **cuisine**	환영하다 : **welcome**
요리법 : **recipe**	후식 : **dessert**

03 위로하다 Comfort

✱✱ 병문안하다

건강하시기 바랍니다.	I hope you are in good health.
어떠십니까?	How are you feeling?
요즈음은 어떻게 지내십니까?	How are you getting along there days?
최근에는 어떠십니까?	How have you been recently?
요즘 컨디션은 어떠십니까?	How is your condition recently?
감기에 걸렸다면서요.	I heard that you had a cold.
아프시다니 안됐습니다.	I'm sorry that you are ill.
병에 걸리셨다는 말을 듣고 놀랐습니다.	I'm surprised to hear that you fell ill.
아파서 누우셨다니 안됐군요.	I'm sorry to hear that you are in bed.
갑작스러운 병환 소식을 듣고 대단히 걱정되더군요.	I was much concerned when I was informed of your sudden illness.
중한 병이 아니기를 진심으로 바랍니다.	I sincerely hope you are not seriously ill.
부디 건강 조심하십시오.	Please take good care of yourself.

✱✱ 입원한 사람을 병문안하다

당신이 입원하셨다는 말을 들으니 너무 안됐군요.	I'm very sorry to hear that you are in the hospital.
위궤양으로 입원하셨다고 듣고 깜짝 놀랐습니다.	I was shocked to hear that you have been in the hospital with a gastric ulcer.

당신 어머님께서 위궤양으로 수술을 받으셨다고 듣고 깜짝 놀랐습니다.	I'm surprised to hear that your mother had an operation for gastric ulcer.
아버님께서 심장 수술을 받으셨다니 정말 안됐습니다.	I'm sorry to hear that your father underwent an operation on his heart.
하루라도 빨리 퇴원하시기를 바랍니다.	I hope you can leave the hospital as soon as possible.
병환은 어떠십니까?	How are your injuries?
부모님으로부터 당신이 야구 시합 때 부상당했다는 소식을 들었습니다.	I heard from your parents that you were hurt in a baseball game.
부상 정도가 대단치 않으셔야 할 텐데요.	I do hope your injury is nothing serious.
교통사고로 양다리에 골절상을 입으셨다는 말을 듣고 걱정했습니다.	I concerned to hear that you broke your legs in a traffic accident.
여행지에서 사고를 당하셨다니 너무 안되셨습니다.	I'm very sorry to learn of your traveling accident.

✳✳ 완쾌를 빌다

빨리 좋아지시기 바랍니다.	I hope you will recover soon. / I hope you will soon be all right. / I hope you'll get better soon.
부디 몸조리 잘하셔서 빨리 회복하시기 바랍니다.	I hope you'll take care of yourself and get well soon.
빨리 건강 회복하시기 바랍니다.	I hope you'll regain your health soon.
빠르게 좋아지고 있다고 들으니 기쁘군요.	I'm glad to hear that you are rapidly getting better.
당신이 드디어 좋아지고 계신다고 하니 안심했습니다.	I feel relieved to know that you are finally on the way to recovery.

2, 3일 내로 퇴원하신다니 안심했습니다.	I feel relieved to know that you can leave the hospital in a couple of days.

병문안에 대해 감사하다

친절한 위문 정말 감사드립니다.	Thank you very much for your kind inquiry.
덕분에 가족 모두 잘 지내고 있습니다.	I'm glad to say that my family are all well.
덕분에 저는 매일 건강하게 지내고 있습니다.	I'm glad to say that I'm enjoying my usual perfect health.
제 쪽은 아주 건강합니다.	As for myself, I'm in good health.
다행히도 제 상처는 심하지 않았습니다.	Fortunately my injuries were not serious.

병 회복을 알리다

기쁘게도 저는 순조롭게 회복하고 있습니다.	I'm delighted to say that I'm getting well quickly.
의사 선생님 말로는 금방 좋아진다는군요.	The doctor tells me that I'll soon be on my feet again.
의사 선생님 말씀으로는 앞으로 1주일이면 일어날 수 있다고 합니다.	According to the doctor, I can be up and around in a week.
의사 선생님은 제가 수술 후 순조롭게 회복되고 있다고 하십니다.	The doctor says that I'm recovering quickly from my operation.
가능한 한 빨리 학교로 돌아가고 싶습니다.	I want to go back to school as soon as possible.

✻✻ 퇴원을 알리다

저는 앞으로 열흘 정도면 퇴원합니다.
I'll be out of the hospital in about ten days.

병원에 2, 3주간 갇혀 있는 건 너무 따분한 일이지만, 그러나 이것도 모두 제 책임이니까요.
Spending a couple of weeks in the hospital is very boring, but this is all my fault, you know.

저는 벌써 다 나았습니다.
I have already returned to perfect health.

폐렴도 완전히 완쾌되어 이미 학교에 다니고 있습니다.
I have completely recovered from pneumonia and gone back to school already.

제가 입원했을 때 예쁜 꽃을 갖다 주셔서 정말 감사했습니다.
Thank you very much for the beautiful flowers you brought while I was in the hospital.

재미있는 책을 갖다 주신 덕분에 입원 생활을 조금도 지루하지 않게 보냈습니다.
Those interesting books you brought me made my stay at the hospital less boring.

✻✻ 재해를 위로하다

당신 나라에 무서운 지진이 있었다고 듣고 너무 놀랐습니다.
I was surprised to hear that there was a terrible earthquake in your country.

오늘 신문으로 당신이 사시는 지방에 대규모 지진이 있었다는 것을 알고 깜짝 놀랐습니다.
I am greatly surprised to read in today's newspaper that there was a big earthquake in your district.

지진으로 댁에 피해는 없으셨는지요.
I hope your house suffered no damage from the earthquake.

당신이 살고 계시는 지방에 대형 태풍이 있었다는 뉴스를 듣고 몹시 걱정했습니다.
I became deeply concerned at the news that your district was visited by a severe typhoon.

오늘 TV에서 당신이 살고 계신 지방에 대홍수가 있었다고 들었습니다.	Today's T.V. news reports that serious floods occurred in your district.
어젯밤 TV뉴스에서 당신이 살고 계신 지방에 몇 백 채나 되는 집들이 침수된 사실을 알았습니다.	I learned from the T.V. news last night that hundreds of houses were flooded in your district.
화재로 댁이 소실되었다고 들었는데, 너무 안되셨습니다.	I'm terribly sorry to hear of the fire that destroyed your house.
피해가 전혀 없어야 할 텐데요.	I hope it has done no damage.
정말로 너무 큰 피해가 아니었으면 좋겠군요.	I do hope that it hasn't caused too much damage.
당신 집에 피해가 없었기를 바랍니다.	I hope there was no damage to your house.
당신이나 가족 여러분께서 무사하시기를 바랍니다.	I hope you and your family are all safe.
다행히 우리는 전혀 피해를 입지 않았습니다.	I'm glad to say that we have suffered no loss at all.
덕분에 큰 피해는 피할 수 있었습니다.	I'm glad to say we escaped any major damage.
운좋게 지진으로 인한 피해는 전혀 없었습니다.	Fortunately we suffered no loss at all by the earthquake.
다행스럽게도 우리 집에는 큰 피해가 없었습니다.	I'm glad to say that there was no serious damage to my house.
우리가 사는 지역에는 수해를 모면했습니다.	Our area escaped the flood.
다행스럽게도 우리는 한 사람도 다치지 않았습니다.	I'm happy to say that none of us were injured.
불행 중 다행으로 아내가 다리를 삐었을 뿐, 아무도 다치지 않았습니다.	We are only grateful that there were no injuries except my wife's sprained ankle.

Part 6 사람들과 사귀다 위로하다

불행하게도 신축된 우리 집은 전소되어 버렸습니다.	**Unfortunately my newly-built house was burnt down.**
이번 지진 때문에 우리 집은 모두 부서졌습니다.	**My house was completely destroyed by the recent earthquake.**
3일 전에 있던 대홍수 때문에 우리 집은 마루 밑까지 침수되었습니다.	**My house was inundated up to the floor by the serious floods which occurred three days ago.**
내가 사는 지역의 집들은 모두 마루 위까지 잠겨 버렸습니다.	**All the houses in my area were flooded above the floor.**
피해가 전혀 없었다니 기쁘군요.	**I'm glad to know that you have suffered no loss at all.**
큰 피해가 없으셨다니 안심했습니다.	**I feel relieved to hear that you did not receive any serious damage.**

✳ 문상하다

진심으로 애도의 말씀을 드립니다.	**Please accept my sincere condolence.**
뭐라고 위로의 말씀을 드려야 할지 모르겠습니다.	**I do not know how to express my deep sympathy with you.**
우선 애도의 뜻을 표합니다.	**I hasten to express my heartfelt sympathy.**
당신의 불행에 진심으로 위로드립니다.	**I sympathize with you sincerely in your affliction.**
이번 불행은 정말 안되셨군요.	**I'm really sorry to learn of your great loss.**
당신 가족의 불행을 듣고 정말 어떻게 말씀드려야 할지 모르겠습니다.	**I'm at a complete loss for words to hear of your family's unhappiness.**
말로는 도저히 당신을 위로해 드릴 수가 없군요.	**I know too well that words cannot comfort you.**
제 기분은 도저히 말로 표현할 수가 없군요.	**Words are inadequate to express my feelings.**

당신의 슬픔은 제 슬픔이기도 합니다.	Your sorrow is also my sorrow.
당신 마음이 얼마나 아플지 알 것 같습니다.	I can painfully understand your feelings.
그는 제 친구였는데 그가 세상을 떠났다니 몹시 그립군요.	He was my best friend and I will miss him very much.
그는 훌륭한 인물이고, 사려 깊은 친구였습니다.	He was a wonderful person and a thoughtful friend.

조의를 표하다

당신 아버님의 갑작스러운 부고를 들으니 충격과 슬픔으로 드릴 말씀이 없군요.	I'm utterly speechless with shock and sorrow to learn of the sudden death of your father.
당신 아버님께서 돌아가셨다니 너무 안되셨군요.	I'm very sorry to hear of the death of your father.
당신 어머님께서 돌아가셨다니 정말 놀랐습니다.	I was really shocked to hear of your mother's death.
부인께서 돌아가셨다니 진심으로 애도의 뜻을 표합니다.	I'm deeply grieved at the news of your wife's death.
방금 당신 남편의 부고를 받고 이 슬픈 마음을 뭐라고 표현해야 좋을지 모르겠습니다.	I don't know how to express my sorrow at the news of your husband's death which I have just received.
소중한 따님을 잃으셨다니 뭐라고 위로의 말씀을 드려야 할지 모르겠군요.	No words can express the deep sorrow I felt when I heard of your dear daughter's death.
사랑하시던 따님이 이렇게 세상을 일찍 떠났다니 제 충격과 슬픔을 도저히 표현할 수가 없군요.	I can hardly find words to tell you how deeply I was shocked and grieved to hear of your beloved daughter's untimely death.
동생분의 명복을 빌겠습니다.	I pray for the repose of your brother's soul.

편히 잠드시길!	May he rest in peace!
그의 명복을 빌겠습니다.	I pray for the souls of the departed.
우리 가족 모두 애도의 뜻을 표합니다.	We unite in extending our condolences.
고인에게 깊은 경의를 표하며 이 꽃을 보내니 부디 받아 주시기 바랍니다.	I beg you will accept this floral offering in token of my deep respect to the memory of the deceased.

✼✼ 상을 당한 사람을 위로하다

부디 기운을 내십시오.	Please keep your chin up.
나약한 말씀을 하셔서는 안 됩니다.	Never say die!
희망을 버리시면 안 됩니다.	Never give up hope.
이 슬픔에 꺾이시면 절대 안 됩니다.	You must not let this sorrow lick you.
이렇게 슬플 때야말로 용기를 내셔야 합니다.	Please be courageous at this time of sorrow.
이런 때야 말로 강하게 그리고 긍정적으로 생각하십시오.	You have to be strong and positive at a time like this.
슬픔의 이면에는 반드시 기쁨이 있습니다.	There is something good in every bad thing.
세월이 당신의 슬픔을 치유해 주기를 바랍니다.	I pray that time will soften your sorrow.
하루라도 빨리 당신의 충격과 슬픔이 치유되기를 바랍니다.	I pray and hope that your shock and sorrow will be relieved as quickly as possible.
당신을 어떻게 위로해야 좋을지 정말 모르겠습니다.	I really don't know how to cheer you up.
뭔가 할 수 있는 일이 있다면 부디 알려 주십시오.	Please let me know if there is anything I can do for you.

도움이 될 일이 있으면 주저 말고 알려 주십시오.	**Please don't hesitate to tell me if there is anything I can do to console you.**

✶✶ 장례식에 대해

장례식은 내일모레 거행됩니다.	**The funeral will take place the day after tomorrow.**
아버님의 장례식은 10월 9일 1시에 봉원사에서 집행됩니다.	**We will hold our father's funeral at Bongwon Temple at one o'clock on the 9th of October.**
장례식은 금월 3일에 서울병원에서 집행됩니다.	**The funeral service will take place at the Seoul Hospital on the 3rd of this month.**

✶✶ 위로에 답하다

와 주셔서 감사합니다.	**Thank you for coming.**
위로의 말씀 진심으로 감사드립니다.	**Many, many thanks for your condolence.**
마음으로부터의 위로의 말씀에 감사드립니다.	**Thank you very much for your heartfelt words of sympathy.**
친절하신 위로의 편지에 진심으로 감사의 말씀 올립니다.	**I thank you from the bottom of my heart for you kind letter of consolation.**
위로의 말씀과 아름다운 꽃을 보내 주셔서 정말 감사드립니다.	**I'm grateful to you for the note of sympathy and the beautiful flowers you sent me.**
친절한 위로 말씀 덕분에 제 슬픔이 치유되었습니다.	**Your kind comforting words have helped to soften my grief.**
금번 어머님께서 돌아가셨을 때 정성어린 조문의 전보를 보내주신 데 대해 진심으로 감사의 말씀 올립니다.	**A thousand thanks for your heartfelt telegraphic message of sympathy over the recent loss of my mother.**

사랑하는 아들을 앞세운지라
비참한 마음뿐입니다.

제 사랑하는 아내의 죽음은
제게 돌이킬 수 없는
큰 상처입니다.

남편의 죽음으로 인한 공허한
생활을 도저히 견뎌내기
힘들군요.

그러나 돌봐야 할 어린
아이들이 둘이나 되기 때문에
이 불행을 극복해야만 합니다.

두 아이들을 위해서라도
용기를 가지고 강하게 살아야
한다고 생각하고 있습니다.

My beloved son's untimely death left me entirely miserable.

My dear wife's death is to me irreparable.

The void my husband's loss left me is most terrible to bear.

But I have two small children that I have to take care of, and I can't afford to let this misfortune get the better of me.

I have to be brave and courageous for the sake of my two children.

단 어 basic words

걱정하다 : **concern**
건강 : **health**
교통사고 : **traffic accident**
놀라다 : **shock**
바라다 : **hope**
병 : **illness**
병원 : **hospital**
부러지다 : **brock**
부상 : **injury / hurt**
사고 : **accident**
수술 : **operation**
슬픔 : **sorrow / grieved**
아프다 : **ill / sick**

안되다 : **sorry**
안전 : **safe**
애도 : **condolence / sympathy**
위로하다 : **cheer up**
위문 : **inquiry**
죽음 : **death**
진심의 : **sincere**
장례식 : **funeral**
컨디션 : **condition**
피해 : **damage / loss**
회복 : **recover / get well / get better / regain**

04 의논 상대가 되어 주다 Counsel

✱✱ 상의하다

상의할 게 있는데.	I have something to talk about with you.
의논하고 싶은 일이 있어.	There's something I want to discuss with you.
너의 의견을 듣고 싶어.	I'd like to hear your opinion.
너의 정직한 의견을 원해.	I want your honest opinion.
뭔가 충고해 주지 않을래?	Could you give me any advice.
누구한테 상담하면 좋을지 모르겠어.	I don't know whom I should ask for advice.
이 약을 먹어도 될까?	Should I take this medicine?
의사와 상담해야 해.	You should see a doctor for advice.
부모님과 이야기해 봤니?	Have you talked with your parents?
상담할 수 있는 사람은 너뿐이야.	You're the only person I can ask for advice.
그는 무슨 일이든 아내와 상의해.	He asks his wife's advice on everything.
그 문제에 대해 말해 보자.	Let's talk about the matter.
나한테 말해 줘서 기뻐.	I'm glad you told me.
고마워. 조금 마음이 편해지는 것 같아.	Thank you. I feel a little relieved.
언제라도 의논하러 와.	You can come to talk to me at any time.
나라도 괜찮다면 상의해도 돼.	You can tell me if you want.

✳✳ 조언하다

너한테 해줄 말이 있어.	Let me tell you something.
이건 내 경험에서 말하는 건데.	I'm speaking from experience.
내 어드바이스가 도움이 되면 좋겠다.	I hope my advice will be of some use to you.
끝까지 해야 해.	You should finish what you start.
그게 문제의 본질이야.	That's the name of the game.
잘 기억해 둬.	Keep it in mind.
잘 들어.	Mark my words.
생각해 봐.	Just think of it.
내 충고를 들어.	Take my advice.
무리하지 마.	Don't kill yourself.
초조해하지 마.	Don't rush it.
서두를 필요가 없어.	You don't have to hurry.
변명하지 마라.	Don't make excuses.
최선을 다해.	Do your best.
그건 네가 결정한 거야.	That's your decision.
이런 기회는 다시 오지 않아.	It's now or never.

✳✳ 주의를 주다

한 가지 말해 둘 게 있는데.	Let me give you a piece of advice.
비난하려는 게 아니야.	Don't take it personally.
기분 나빠하지 말고 들어요.	Please don't be offended.
너를 위해 말하는 거야.	I'm saying this because I'm concerned about you.
친구니까 말하는 거야.	I'm saying this because I'm your friend.

너도 조만간 이해할 거야.	You'll understand it sooner or later.
내가 말했잖아.	I told you.
다시는 이런 일이 없도록 해.	Don't let it happen again.
그렇게 당황해 하지마.	Don't get so upset.
겁먹지 마.	Don't panic.
진지해져 봐.	Get serious.
웃을 일이 아니야.	It's no laughing matter.
그건 너무 극단적이야.	That's going too far.
말조심해.	Watch your tongue.
바보 짓하지 마세요.	Don't make a fool of yourself.
내버려 둬요.	Let it be.
우유부단하게 굴지 마.	Stay alert.

✲✲ 격려하다

힘 내!	Cheer up!
행운을 빌어!	Good luck!
더 잘될 거야.	I'm sure you'll do fine.
열심히 해!	Go for it!
일단 해봐.	Just try it.
다시 해봐.	Try it again.
다음엔 더 열심히 해.	Try harder next time.
해보는 게 좋아.	Give it a try.
실망하지 말고 기운 내.	Keep your chin up.
포기하지 마.	Don't give up.
포기하지 마요!	Hang in there!
계속 도전해.	Keep on trying.

용기를 내세요.	Keep your courage up.
용기를 가져요.	Have a little courage.
너라면 할 수 있어!	You can do it!
넌 잘할 거야.	You will do fine.
마음을 굳게 먹어.	Hold yourself together.
자신을 가져.	Be confident in yourself.
그 기세야!	Way to go!
할 수밖에 없어.	You have no other option.
승부를 걸어 봐.	You should take a chance.
나는 네 편이야.	I'm on your side.
거의 다되었어.	You're almost there.
찬스는 있어.	There's a chance.
성공하기를 빌게.	I wish you acquire all the success.

✶✶ 칭찬하다

멋지다!	Great!
해냈어!	You did it!
잘했어!	Good job! / Well done!
잘한 일이야.	Good for you.
너 스스로를 자랑스러워해도 돼.	You should be proud yourself.
네가 자랑스러워.	I'm proud of you.
넌 의지가 돼.	You're so reliable.
바른 길을 가고 있는 거야.	You're on the right track.
넌 근성이 있어.	You've got guts.
난 네가 부러워.	I envy you.
멋져 보인다.	You look nice.

너한테 어울려.	It looks nice on you.
너는 옷을 보는 안목이 있어.	You have a good taste in clothes.
년 옷 입는 법을 알아.	You know how to wear your clothes.

축하하다

축하해!	Congratulations!
너의 성공을 축하해.	Congratulations on your sucess.
승진을 축하해.	Congratulations on your promotion.
출산을 축하해.	Congratulations on your new baby.
시험 합격을 축하해요.	I'd like to congratulate you on passing the exam.
축하하자!	Let's celebrate!
너무 기뻐.	I'm very happy for you.
네가 정말 자랑스러워.	I'm really proud of you.
정말 잘됐다.	How wonderful.

단 어 basic words

상담하다 : consult
조언(하다) : advise
제안하다 : suggest
객관적인 : objective
주관적인 : subjective
중립의 : neutral
위로(하다) : comfort
격려 : encourage / cheer up
행운 : lucky / fortunate
불운 : unlucky / unfortunate
실수 : mistake / error
결점 : fault
시도(하다) : try
노력 : effort

축하하다 : congratulate
칭찬하다 : praise
찬사 : compliment
자랑스럽다 : proud
만족했다 : satisfied
진심으로 : with all my heart
성공 : success
우승 : victory
시험 합격 : passing the exam
졸업 : graduating
승진 : promotion
수상 : winning the aword
결혼 : wedding / marriage

05 부탁하다 Request

✱✱ 부탁이 있다

당신에게 부탁이 있습니다.	There is something I want to ask you.
부탁을 드려도 될까요?	May I ask you a favor?
당신 도움이 필요해요.	I need your help.
좀 도와 주실래요?	Could you give me a hand?
당신에게 꼭 부탁드릴 것이 있습니다.	I have a great favor to ask of you.
저 대신 그 일을 해주실래요?	Will you do that for me?
당신에게 부탁해도 괜찮을지 어떨지.	I wonder if I could ask a favor of you.
제 부탁을 들어 주시면 정말로 기쁘겠습니다만.	I shall be very glad if you would do me a favor.
제 부탁을 들어 주신다면 정말로 감사하겠습니다.	I should be very grateful if you would accept my request.
이런 부탁을 드리게 된 것을 용서해 주십시오.	Please forgive me for making such a request.
이렇게 염치 없는 부탁을 하게 된 저를 용서해 주십시오.	I hope you'll forgive my boldness in making such a request.
폐를 끼쳐 정말 죄송합니다만, 달리 의지할 사람이 없어서요.	I'm really sorry to trouble you, but I have no one else to turn to.
도와 줄 사람이 필요해요.	I need someone to help me.
이번 건으로 저를 도와 주신다면 평생 은혜 잊지 않겠습니다.	I should be eternally grateful if you could help me in this matter.
당신의 도움이 꼭 필요해요.	I need your help very badly.

부탁합니다.	Please.
부탁할게.	I'm begging you.
이 짐을 날라 주세요.	Please carry this luggage.
집까지 태워 주실래요?	I wonder if you could drive me home.
번거로운 일인 줄 압니다만.	I know this is a lot of trouble.

허락을 구하다

들어가도 됩니까?	May I come in?
창문을 열어도 될까요?	Would you mind if I open the window?
이 테이블 옮겨도 될까요?	Is it okay if I move this table?
담배를 피워도 괜찮나요?	Do you mind if I smoke?
전화를 사용해도 됩니까?	I wonder if I could use your phone?
화장실을 사용해도 될까요?	May I use the bathroom? / Can I use your restroom?
같이 가도 돼?	Mind if I go with you?
여기 앉아도 되나요?	Is this seat taken?
좀 봐도 될까요?	May I take a look?

빌려 달라고 하다

어니스트 헤밍웨이의 《노인과 바다》를 빌려 주지 않겠습니까?	Would you mind lending me Ernest Hemingway's The Old Man and the Sea?
이 비디오를 이틀 정도 빌려 주지 않겠습니까?	Can you let me have this video tape for a couple of days?
그것을 좀 빌려 주지 않겠습니까?	Will you please lend it to me?

이 책을 빌릴 수 있니?	Can I borrow this book?
그 책을 빌려 주시면 정말 기쁘겠습니다만.	I should be very pleased if you could lend the book to me.

** 돌려 달라고 하다

전날 빌려드린 책을 돌려주지 않겠습니까?	Will you kindly return the book I lent you the other day?
한 달 전에 빌린 비디오를 빨리 돌려주시지 않겠습니까?	Will you be so kind as to send me back the video I lent you one month ago, at your earliest convenience?

** 돈을 빌려 달라고 하다

저는 지금 경제적으로 곤란에 처해 있습니다.	I'm very much troubled financially.
여윳돈 좀 가지고 있나요?	Do you have any money to spare?
돈 좀 빌릴 수 있나요?	Can I borrow some money from you?
500달러를 빌려 주실 수 있나요?	Could you lend me 500 dollars?
500달러를 조달하지 못해 대단한 곤란에 처해 있습니다.	I'm very much troubled by a great need for five hundred dollars.
500달러를 빌려 주신다며 대단히 고맙겠습니다만.	I would be very grateful if you could lend me five hundred dollars.
정말 말씀드리기 어렵습니다만, 1개월만 500달러를 빌려 주시지 않겠습니까?	I feel the greatest reluctance in saying this, but could you lend me five hundred dollars for a month?
월급날까지 돈 좀 빌려 주면 안 될까요?	Would you mind lending me some money until pay day?
부탁하신 돈을 기꺼이 전액 빌려 드리겠습니다.	I'm happy to come to your assistance to the full amount requested.

부탁하신 금액의 수표를 오늘 오후에 보내 드리겠습니다.	I'll send you a check for the sum you require this afternoon.
얼마나 필요한데요?	How much do you need?
죄송합니다. 제 자신이 돈이 없어 어려운 지경입니다.	Sorry. I'm hard up for money myself.

** 부탁에 답하다

이 건에 관해서 좀더 상세하게 알려 주십시오.	I'd like to get more information about the matter.
그 일에 대해 상세하게 알려 주시겠습니까?	Would you give me a full account of the job?
기꺼이 그러죠!	I'd be glad to! / With pleasure!
무엇을 도우면 되죠?	What can I do to help?
뭘 할까?	What can I do for you?
말만 해.	Anything you say.
간단한 일이야.	It's quite easy.
기꺼이 도와드리겠습니다.	I'm glad to help. / I'm delighted to come to your assistance.
괜찮습니다.	I don't mind.(Would you mind~?로 묻는 질문에) / Not at all.
제가 할 수 있는 일이라면요.	Sure, if I can.
제가 할 수 있는 건 하겠어요.	I'll do what I can.
좋아요. 생각 좀 해볼게요.	OK. I'll give it some thought.
안 되겠는데요.	I'd rather not.
정말 할 수 없는데요.	I really can't do it.
그건 안 됩니다.	I'm afraid not.

죄송하지만 당신의 요구에는 응할 수 없습니다.	I'm sorry but I can't comply with your request.
정말로 유감스럽습니다만 당신의 의뢰는 받아들일 수 없습니다.	To my great regret, I can't accept your offer.
정말 죄송하지만, 그 건에 관해서는 저는 당신을 도와드릴 입장이 아닙니다.	I'm very sorry to say that I'm in no position to help you in that matter.
죄송하지만, 안 그랬으면 좋겠는데요.	I'm sorry, but I'd rather you didn't.
곤란하게 하지 마세요.	Don't give me a hard time.
안 된다고 했잖아.	I said no and I mean it.

단 어 basic words

- 간청하다 : **beg**
- 거절하다 : **refuse / reject**
- 걱정하여 : **afraid**
- 곤란 : **trouble**
- 궁금하게 여기다 : **wonder**
- 금지하다 : **prohibit**
- 기꺼이 : **glad**
- 기대하다 : **expect**
- 돌려주다 : **return**
- 동의하다 : **agree**
- 문제 : **matter**
- 바라다 : **want**
- 받아들이다 : **accept**
- 부탁하다 : **ask / request**
- 불평하다 : **complain**
- 빌려 주다 : **lend**
- 빌리다 : **borrow**
- 쉽다 : **easy**
- 신뢰하다 : **trust**
- 싫어하다 : **mind**
- 어려운 : **hard**
- 여분의 : **spare**
- 용서하다 : **forgive**
- 원조 : **assistance**
- 원하다 : **hope**
- 유감 : **regret**
- 응하다 : **comply**
- 의뢰 : **offer**
- 의미하다 : **mean**
- 의사 : **intention**
- 의존하다 : **depend**
- 정보 : **information**
- 청 : **favor**
- 총액 : **sum**
- 편의 : **convenience**
- 필요하다 : **need**
- 허가 : **permission**
- 허가하다 : **allow / permit**

PART 7

상황에 따라 표현하다
Talk by Circumstances

What time is it? Do you know the time? Do you have the time? Could you tell me what time it is? Could you give me the time? Do you happen to know the time? It's seven o'clock. It's seven. It's seven o'clock sharp. It's exactly seven o'clock. It's almost seven o'clock. It's about seven o'clock. It's around seven o'clock. It's just after seven o'clock. It's seven ten. It's ten minutes after seven. It's ten after seven. It's ten past seven. It's seven fifteen. It's a quarter past seven. It's seven thirty. It's half past seven. It's seven forty-five. It's a quarter to eight. It's a quarter till eight. It's almost seven o'clock. It's seven o'clock sharp.

01 시간·요일·날짜 Time/Week/Date

✲✲ 시간에 대해

몇 시입니까?	What time is it? / Do you know the time? / Do you have the time?
몇 시인지 가르쳐 주시겠습니까?	Could you tell me what time it is? / Could you give me the time?
혹시 몇 시인지 아세요?	Do you happen to know the time?
7시입니다.	It's seven o'clock. / It's seven.
정각 7시입니다.	It's seven o'clock sharp. / It's exactly seven o'clock.
곧 7시입니다.	It's almost seven o'clock.
7시경입니다.	It's about seven o'clock. / It's around seven o'clock.
7시 막 지났습니다.	It's just after seven o'clock.
7시 10분입니다.	It's seven ten. / It's ten minutes after seven. / It's ten after seven. / It's ten past seven.
7시 15분입니다.	It's seven fifteen. / It's a quarter past seven.
7시 30분입니다.	It's seven thirty. / It's half past seven.
7시 45분입니다.	It's seven forty-five. / It's a quarter to eight. / It's a quarter till eight.

7시 50분입니다.	It's seven fifty. / It's ten minutes to eight. / It's ten to eight.

** 시계 상태에 대해

당신 시계는 정확합니까?	Is your watch right? / Does your watch keep good time?
제 시계는 빨리 갑니다.	My watch is fast.
제 시계는 5분 빨리 갑니다.	My watch is five minutes fast.
제 시계는 하루에 2분씩 빨리 갑니다.	My watch gains two minutes a day.
제 시계는 고장났어요.	My watch is wrong.
제 시계는 하루에 2분씩 늦게 갑니다.	My watch loses two minutes a day.
제 시계는 시보보다 3분 늦습니다.	My watch is three minutes behind the time signal.

** 요일에 대해

오늘은 무슨 요일입니까?	What day is it today?
월요일입니다.	It's Monday.
어제는 무슨 요일이었습니까?	What day was it yesterday?
일요일입니다.	It was Sunday.
내일은 무슨 요일입니까?	What day will it be tomorrow?
화요일입니다.	It will be Tuesday.
수요일 오후에 시간 있어요?	Do you have time on Wednesday afternoon?

다음주 토요일엔 하루 종일 집에 있을 거예요.	I'll be at home all day next Saturday.

✱✱ 날짜에 대해

오늘은 몇 일입니까?	What's the date today?
6월 11일입니다.	It's June the eleventh.
어제는 몇 일이었습니까?	What was the date yesterday?
6월 10일이었습니다.	It was June the tenth.
내일은 몇 일입니까?	What will it be the date tomorrow?
6월 12일입니다.	It will be June the twelfth.
당신 생일은 언제입니까?	When is your birthday?
3월 27일입니다.	It's March twenty seventh.
저는 1980년 10월 16일에 태어났습니다.	I was born on October 16th, 1980.
저는 1994년에 대학교를 졸업했습니다.	I graduated from university in 1994.
다음 모임은 8월 28일, 금요일입니다.	The next meeting will been Friday, August 28th.

단 어 basic words

날짜 : **date**		일 : **day**	
느리다 : **slow / behind**		정확한 : **correct**	
빠르다 : **fast**		주 : **week**	
정확한 : **correct**		회계연도 : **fiscal year**	
시간에 정확한 : **punctual**		오늘 : **today**	
연 : **year**		어제 : **yesterday**	
월 : **month**		내일 : **tomorrow**	

02 식당 Restaurant

** 식당을 찾아 예약하다

오늘 저녁은 어디에서 먹을까?	Where would you like to go for dinner tonight?
근처에 괜찮은 레스토랑을 추천해 주시겠어요?	Would you recommend a nice restaurant near here?
이 근처에 한국 식당이 있나요?	Is there a Korean restaurant around here?
스테이크를 잘하는 집이 어디입니까?	Where can I enjoy a good steak?
예약을 해야 합니까?	Do I need a reservation?
5시에 2명 예약을 하고 싶습니다.	I'd like to make a reservation for two at 5.
성함이 어떻게 되십니까?	May I have your name, please?
복장 규칙이 있습니까?	Do you have a dress code?
6시에 앤더슨이라는 이름으로 예약을 했습니다.	We have a reservation for Anderson at 6.
몇 분이십니까?	How many are with you?
일행이 5명입니다.	We have a party of 5.
4명입니다.	We're group of 4.
두 사람 자리가 있나요?	Do you have a table for two?
얼마나 기다려야 합니까?	How long is the wait?
금연석으로 주세요.	Nonsmoking, please.

✲✲ 주문하다

어서오세요.	May I help you?
메뉴를 보여 주세요.	May I have a menu, please?
식사 전에 칵테일을 드시겠어요?	Would you like a cocktail before dinner?
주문할래요?	Are you ready to order?
주문하시겠습니까?	May I have your order, please?
애피타이저로 무엇을 드시겠어요?	What would you like for appetizer?
오늘의 특별 요리는 무엇입니까?	What's today's special?
오늘은 뭐가 괜찮습니까?	What's good today?
이 집은 뭘 잘합니까?	What's good here?
저희는 뉴욕 스테이크를 전문으로 하고 있습니다.	We specialize in New York steak.
좋아요, 그걸로 하지요.	Okay, I'll have that.
새우 칵테일로 주세요.	I'd like a shrimp cocktail.
서로인 스테이크를 주세요.	I'll have a Sirloin steak.
같은 것으로 주세요.	I'll have the same.
스테이크는 어떻게 해드릴까요?	How would you like your steak?
어떻게 해드릴까요?	How do you like it?
중간 정도로 익혀 주세요.	Medium, please.
완전히 익혀 주세요.	Well-done, please.
수프나 샐러드 중 어느 것으로 하시겠어요?	You have choice of soup or salad?
마실 것은 무엇으로 하시겠어요?	What would you like to drink?

특산 맥주가 있나요?	Do you have some local beer?
다른 것 더 주문하실 것은 없습니까?	Anything else?
이것은 어떤 요리입니까?	What kind of dish is this?
디저트는 무엇이 있습니까?	What do you have for dessert?
치즈버거 한 개와 콜라 주세요.	One cheese burger and a Coke, please.
네, 다른 것은요?	Well, anything else?
없습니다.	No, thank you.
양파는 빼 주세요.	Hold the onion, please.
여기서 드실 겁니까, 아니면 가지고 가실 겁니까?	For here or to go?
여기서 먹을 겁니다.	I'll eat here, please.

✽✽ 요구 사항을 말하다

이것은 제가 주문한 것이 아니에요.	This is not my order.
나이프를 떨어뜨렸어요.	I dropped my knife.
다른 포크를 가져다 주시겠어요?	May I have another fork, please?
작은 접시를 주시겠어요?	Could we have small plates?
버터를 좀더 주시겠어요?	Can I have a little more butter, please?
물을 주세요.	May I have a glass of water?
메뉴를 다시 한번 볼 수 있을까요?	Can I see the menu again?
요리는 아직 멀었나요?	What happened to our order?
이것을 어떻게 먹나요?	How do I eat this?
접시를 치워 주세요.	Please take the plate.

❄❄ 계산하다

여기서 지불합니까?	Can I pay here?
계산서를 주세요.	Check, please.
현금으로 계산할게요.	I'll pay by cash.
이 요금은 무엇인가요?	What's this charge for?
수프는 주문하지 않았는데요.	I didn't order soup.
식사 정말 맛있었습니다.	I really enjoyed the meal.

단 어 basic words

●● 전채
게 칵테일 : **crab cocktail**
굴에다 양겨자와 캐비어를 섞은 것 : **blue point oyster**
모듬 전채 : **assorted appetizers**
새우 칵테일 : **shrimp cocktail**
생굴 : **oysters**
신선한 대합 : **fresh clam**
으깬 정어리 젓갈 : **anchovy**
철갑상어의 알젓 : **caviar**
파테(고기나 생선 간 것을 파이 껍질로 싸서 구운 것) : **paté**
훈제 연어 : **smoked salmon**

●● 수프
고기 수프 : **meat broth**
국수가 들어간 닭고기 수프 : **chicken noodle soup**
닭고기 수프 : **chicken soup**
대합 잡탕 수프 : **clam chowder soup**
마늘 수프 : **garlic soup**
부이용(고기를 야채, 양념과 함께 끓여 거른 맑은 수프) : **bouillon**
비스크(주로 새우나 닭고기, 야채 등을 사용한 진한 크림 스프) : **bisque**
상어지느러미 수프 : **shark's fin soup**
쇠고기 야채 수프 : **beef vegetable soup**
야채 수프 : **vegetable soup**
양파 수프 : **onion soup**
조개와 생선 수프 : **chowder**
차가운 야채 수프 : **gazpacho**
콩 수프 : **bean soup**
콩소메(맑은 수프) : **consommé**
토마토 수프 : **tomato soup**
포타주(진한 수프) : **potage**

●● 샐러드
각종 야채 샐러드 : **mixed salad**
감자 샐러드 : **potato salad**
닭고기 샐러드 : **chicken salad**
새우 샐러드 : **shrimp salad**
시저 샐러드 : **caesar salad**
야채 샐러드 : **green salad**
어패류 샐러드 : **marine salad / seafood salad**
주방장 특선 샐러드 : **chef's salad**
참치가 들어간 샐러드 : **tunafish salad**
토마토 샐러드 : **tomato salad**

토스드 샐러드(드레싱을 친 샐러드) :
  tossed salad
피클(오이절임) : **pickles**

●●메인 요리
구운 소혀 요리 : **boiled beef tongue**
뉴욕 스테이크 : **New York steak**
닭튀김 : **fried chicken**
로스트 비프 : **roast beef**
로스트 치킨 : **roast chicken**
립 스테이크(갈비살) : **rib steak**
미닛 스테이크(얇은 스테이크) : **minute steak**
베이컨 : **bacon**
브로일드 치킨 반 마리 : **broiled half chicken**
뼈 달린 닭의 가슴고기 : **boned breast of
            chicken**
뼈가 달린 돼지 등고기 : **pork chops**
뼈가 달린 양고기 : **lamb chops**
샤토브리앙(최고급의 두꺼운 안심) :
  chateaubriand
서로인 스테이크 : **Sirloin steak**
소시지 : **sausage**
송아지 간 요리 : **calf's liver**
송아지고기 스튜 : **veal stew**
쇠고기 스튜 : **beaf stew**
여성용의 작은 뉴욕 스테이크 :
  lady's cut New York steak
최고급의 서로인 스테이크 : **culotte steak**
텐더로인 스테이크(연한 허리살) :
  tenderloin steak
파인애플이 올려진 햄 스테이크 :
  Hawaiian ham steak
필레미뇽(등심) : **fillet mignon**
햄 : **ham**
향 짙은 훈제 쇠고기 : **pastrami**

●●생선 요리
(석쇠에 구운)연어 구이 : **grilled salmon**
(석쇠에 구운)황새치 구이 :
  swordfish steak grillé
가리비 + 넙치 + 새우 + 프렌치프라이 + 샐러드 :
  fisherman's platter
가리비+프렌치프라이 + 양상추 + 토마토 :
  deep sea scallop
게 크로켓 : **crab cake**
넙치 스테이크 : **halibut steak**
넙치 스테이크 + 소스 + 프렌치프라이 + 양배추
샐러드 : **broiled halibut steak**
부야베스(생선, 조개류에 향료를 넣어 찐 요리) :
  bouillabaisse
새우 튀김 : **fried prawns**
새우 + 프렌치프라이 + 양상추 + 토마토 :
  butterfly shrimp
혀가자미 뫼니에르 : **fillet of sole meunière**
혀가자미의 마늘 소스 볶음 : **sole sautéed
  in garlic sauce**

●●디저트
사과 파이 : **apple pie**
셔벗 : **sherbet**
수플레 : **soufflé**
슈크림 : **cream puff**
아이스크림 : **ice cream**
초콜릿 : **chocolate**
치즈 케이크 : **cheese cake**
타르트 : **tart**
푸딩 : **custard pudding**
프로즌 요구르트 : **frozen yogurt**

●●야채
가지 : **eggplant**
감자 : **potato**
강낭콩 : **kidney bean**
고구마 : **sweet potato**
당근 : **carrot**
버섯 : **mushroom**
브로콜리 : **broccoli**
서양호박 : **zucchini**
셀러리 : **celery**
시금치 : **spinach**
아보카도 : **avocado**
아스파라거스 : **asparagus**
아티초크 : **artichoke**
양배추 : **cabbage**

양상추 : **lettuce**
양파 : **onion**
오이 : **cucumber**
옥수수 : **corn**
올리브 : **olive**
적피망 : **red ball pepper**
치커리 : **chicory**
콜리플라워 : **cauliflower**
콩 : **bean**
토마토 : **tomato**
파 : **green onion**
파슬리 : **parsley**
푸른 완두 : **green peas**
피망 : **green pepper**
향초 : **herb**
호박 : **pumpkin**

●●고기
(고기가 거의 안 붙은)돼지갈비 : **spareribs**
갈비 : **rib**
가슴살 : **breast**
간 : **liver**
꼬리 : **tail**
꿩고기 : **pheasant**
날개 : **wing**
넓적다리 고기 : **leg**
닭 가슴살 : **chicken breast**
닭고기 : **chicken**
돼지고기 : **pork**
등심 : **fillet**
새 넓적다리 고기 : **thigh**
소 넓적다리 고기 : **round**
소 엉덩이 고기 : **rump**
송아지 : **veal**
쇠고기 : **beef**
어린 양고기 : **lamb**
오리고기 : **duck**
저민 고기 : **ground meat**
칠면조 : **turkey**
콩팥 : **kidney**
허릿살 : **loin**
혀 : **tongue**

●●해산물
가다랭이 : **bonito**
가리비 : **scallop**
가재, 왕새우 : **crawfish**
게 : **crab**
고등어 : **mackerel**
굴 : **oyster**
농어 : **bass**
농어 : **perch**
농어 : **sea bass**
대구 : **cod(fish)**
대합 : **clam**
도미 : **red snapper**
돔 : **sea bream**
메기 : **catfish**
무지개송어 : **rainbow trout**
문어 : **octopus**
바닷가재 : **lobster**
뱀장어 : **eel**
상어 : **shark**
성게 : **sea urchin**
송어 : **trout**
식용달팽이 : **escargot**
연어 : **salmon**
연어알 : **salmon roe**
오징어 : **squid**
유럽산 가자미 : **plaice**
은어 : **sweetfish**
잉어 : **carp**
작은 새우 : **shrimp**
전갱이 : **pompano**
전복 : **abalone**
정어리 : **sardine**
조개 : **shellfish**
참새우 : **prawn**
참치 : **tuna**
청어 : **herring**
큰 넙치 : **halibut**
혀가자미 : **sole**
홍합 : **mussel**
황새치 : **swordfish**

●●조리법
구운 : **baked**
꼬챙이로 꿰어 구운 : **skewered**
날것의 : **raw**
냉각시킨 : **chilled**
로스트한(오븐에 구운) : **roasted**
마리네이드(식초, 포도주, 향신료를 넣은 액체)에
　담근 : **marinated**
뫼니에르(생선에 밀가루와 버터를 발라 구운 프랑
　스식 요리법) : **meunière**
불에 쬐어 구운 : **broiled**
뼈가 달린 : **boned**
석쇠에 구운 : **grilled**
소테로 한(적은 기름이나 버터 등으로 살짝 튀긴) :
　soutéed
속을 채운 : **stuffed**
스튜로 한 : **stewed**
얇게 저민 : **sliced**
양념한 : **flavored**
요리에 곁들이는 것 : **garnished**

저민 : **chopped**
짓이긴 : **mashed**
찐 : **steamed**
찐 / 삶은 / 데친 : **boiled**
캐서롤(요리한 채 식탁에 놓는 유리·도기제 냄비)
　로 요리한 : **casserole**
튀겨서 끓인 : **braised**
튀긴 : **fried**
훈제로 한 : **smoked**

●●기타
배고픈 : **hungry**
심하게 배고픈 : **starving**
배부른 : **full**
취한 : **drunk**
달다 : **sweet**
맵다 : **hot / spicy**
짜다 : **salty**
시다 : **sour**
느끼하다 : **greasy**

03 쇼핑 Shopping

✱✱ 상점을 찾다

근처에 백화점이 있습니까?	Is there a department store around here?
필름을 어디서 살 수 있나요?	Where can I buy some film?
속옷은 어디에 있습니까?	Where are the underwears?
남성복은 몇 층에 있나요?	What floor is the men's wear on?

✱✱ 상품을 고르다

무엇을 도와드릴까요?	Can I help you?
그냥 구경하는 겁니다.	I'm just looking.
어머니께 드릴 선물을 찾고 있습니다.	I'm looking for a gift for my mother.
이것은 어떻습니까?	How about this?
어떤 스타일의 옷을 원하세요?	What style of clothes do you want?
쇼윈도에 진열된 것을 보여 주세요.	Show me the one in the window, please.
저 셔츠를 보여 주시겠어요?	Can I see that shirt?
어떤 색깔이 있나요?	What kind of colors do you have?
입어 보시겠어요?	Would you like to try it on?
입어 봐도 됩니까?	Can I try it on?
치수가 어떻게 됩니까?	What size do you wear?
저에게 맞지 않습니다.	It doesn't fit me.

이것이 제게 잘 맞습니다.	This fits me quite well.
더 큰 사이즈를 보여 주세요.	Please show me a bigger one.
양복이 마음에 드십니까?	Do you like this suit?
옷이 손님에게 잘 어울리네요.	Oh, it really good on you.
마음에 드세요?	How do you like it?
이 스타일은 마음에 들지 않아요.	I don't like this style.
글쎄요, 저는 별로인데요.	Well, not really.
이 코트는 저한테 어울리지 않아요.	This coat doesn't look good for me.
다른 것을 보여 주시겠어요?	Could you show me another one?
이것으로 검정색을 주세요.	Give me this one in black.
좀더 화려한 것이 좋겠어요.	I want a flashier one.
이것으로 할게요.	I'll take this.
다음에 올게요.	I'll come back.

✱ 계산하다

계산은 어디서 하나요?	Where's the cashier?
얼마입니까?	How much is it?
이 가방의 가격은 얼마입니까?	What's the price of this bag?
할인해 주실 수 있습니까?	Can you give me any discount?
이 할인 쿠폰을 사용할 수 있나요?	Can I use this discount coupon?
지불은 어떻게 하시겠습니까?	How would you pay for this?
신용 카드로 계산할게요.	I'll pay by credit card.
개인 수표를 쓸 수 있나요?	Can I use a personal check?
영수증을 주시겠어요?	Can I have a receipt?
포장해 주시겠어요?	Could you wrap it up?

교환 · 환불하다

이것을 교환할 수 있습니까?	Can I exchange this?
이것을 빨간색으로 교환해 줄 수 있나요?	Could you exchange this for a red one?
이것을 환불할 수 있을까요?	Can I get a refund on this?
무엇 때문에 그러시죠?	What's the problem?
무엇이 문제인가요?	What's wrong with it?
여기에 긁힌 자국이 있어요.	I found a scratch here.
제 딸에게 너무 작습니다.	It's too small to my daughter.
어느 사이즈로 교환해 드릴까요?	What size do you want?
6사이즈로 바꿔 주세요.	I'd like size 6.
죄송하지만 환불은 되지 않습니다.	I'm sorry, but we don't give refunds.

단 어 basic words

구매자 상담실 : **shopper's service**
남성용품 전문점 : **men's wear store**
레코드 가게 : **record shop**
문방구 : **stationery store**
백화점 : **department store**
서점 : **book store**
선물용품점 : **gift shop**
쇼핑센터 : **shopping center**
슈퍼마켓 : **supermarket**
식료품점 : **grocery**
신문 · 잡지 판매대 : **news stand**

아웃렛 : **outlets**
악기점 : **music shop**
여성용품 · 속옷 · 장신구 가게 : **boutique**
운동용구점 : **sports shop**
음주 연령 : **drinking age**
잡화점 · 약방 : **drug store**
전기용품점 : **electric store**
정육점 : **butcher**
주류 판매점 : **liquor store**
철물점 : **hardwear store**

04 거리 Street

✱✱ 길을 묻다

길 좀 안내해 주실래요?	Could you give me directions?
실례합니다. 역이 어디 있나요?	Excuse me. Where is the station?
지하철역은 어디에 있습니까?	Where can I find a subway station?
우체국에 어떻게 하면 갈 수 있습니까?	How do I get to the post office?
박물관 가는 길을 알려 주시겠습니까?	Could you tell me the way to the museum.
시청으로 가려면 이 길이 맞습니까?	Is this the right way to the City Hall?
얼마나 멉니까?	How far?
너무 감사합니다.	Thank you very much.
제가 있는 곳이 이 지도의 어디입니까?	Where am I on this map?

✱✱ 길을 안내하다

곧장 가셔서 신호 있는 데서 오른쪽으로 도세요.	Go straight, then turn right at the traffic light.
두 블록 죽 내려가세요.	Go down the street for two blocks.
두 블록을 곧장 가세요.	Go straight for two blocks
왼편에 역이 보일 겁니다.	You'll see the station on the left.
곧장 가면 보일 겁니다.	Go straight and you'll see it.

버스로 여기에서 10분 거리입니다.	10 minutes from here by bus.
걸어서 10분입니다.	10 minutes walk.
차로 10분입니다.	10 minutes drive.
천만에요.	You're welcome.
미안합니다만, 저도 이곳은 처음이어서요.	Sorry, I am a stranger here myself.

기차를 타다

티켓 판매소는 어디입니까?	Where is the ticket office?
샌디에이고로 가고 싶은데요.	I want to go to San Diego.
뉴욕행 1장 주세요.	One ticket to New York, please.
편도 티켓입니까 아니면 왕복 티켓입니까?	Will that be a one-way ticket or round-trip ticket?
왕복 티켓으로 주세요. 얼마입니까?	A round-trip ticket, please. How much is the fare?
20달러입니다.	Twenty dollars.
몇 시에 출발하나요?	What time does it leave?
식당차가 있나요?	Is there a dining car?
전체가 자유석입니까?	Are they all non-reserved seats?
표는 언제까지 유효합니까?	How long is this ticket valid?
1주간입니다.	For a week.
여기 자리 있나요?	Is this seat taken?
얼마나 걸릴까요?	How long will it take to get there?

버스를 타다

버스 정류장이 어디인가요?	Where is the bus stop?
어느 버스를 타야 합니까?	Which bus should I take?
다음 버스는 언제 떠납니까?	What time does the next bus leave?
공항 가는 버스가 있습니까?	Is there a bus to the airport?
이 버스가 디즈니랜드로 갑니까?	Does this bus go to Disneyland?
아니오, 다른 버스를 타셔야겠네요.	No, you need to take another bus.
표부터 사야 합니까?	Do I have to buy a ticket first?
아니오. 버스를 타고 지불해 주십시오.	No, you pay on the bus.
환승표를 주세요.	Transfer ticket, please.
어디에서 내려야 합니까?	Where should I get off?
이 곳이 내릴 정거장인가요?	Is this my stop?
거기에 도착하면 알려 주세요.	Please let me know when the bus gets there.
정차 역 전에 줄을 당기세요.	Pull on the chord.

지하철을 타다

근대미술관에 지하철로 갈 수 있나요?	Can I go to the Museum of Modern Art by subway?
표를 어디에서 삽니까?	Where can I buy a ticket?
지하철 노선도가 어디에 있나요?	Where can I find the subway map?
공항행은 어느 승강장입니까?	Which platform for the airport?

7번 승강장입니다.	Platform seven.
차량을 갈아타야 합니까?	Do I need to change trains?
어디에서 갈아탑니까?	Where do I transfer?
네. 킹 역에서 갈아타십시오.	Yes. Change at Kings Station.
몇 정거장 가야 합니까?	How many stops away is it?
한 정거장 더 가세요.	Go one more stop, please.
출구가 어디입니까?	Where's the exit?

✹✹ 택시를 타다

택시로 가죠.	Let's take a taxi.
어디에서 택시를 잡을 수 있나요?	Where can I get a taxi?
모퉁이에 택시 승강장이 있어요.	There's a taxi stand on the corner.
트렁크를 열어 주시겠습니까?	Could you open the trunk?
어디로 가십니까?	Where to?
힐튼 호텔로 가 주세요.	To the Hilton Hotel, please.
이 주소로 가 주세요.	Take me to this address, please.
빨리 가 주세요.	Step on it, please.
급하니까 지름길로 가주세요.	I'm in hurry, so please take a shortcut.
여기서 잠시 기다려 주세요.	Wait a moment here, please.
여기 내려 주세요.	Let me off here, please.
여기서 세워 주시겠어요?	Can you stop here?
요금이 얼마입니까?	How much is the fare?
잔돈은 가지세요.	Keep the change.

단 어 basic words

●● 길 안내
- 1층 : **first floor**
- 2층 : **second floor**
- 3층 : **third floor**
- 4층 : **fourth floor**
- 거리 지도 : **street map**
- 경찰서 : **police station**
- 곧장 : **straight**
- 공원 : **park**
- 공중전화 : **pay phone**
- 교통신호등 : **traffic light**
- 그 빌딩의 정면 : **in front of the building**
- 길을 가로지르다 : **cross street**
- 도로 지도 : **Road Atlas**
- 도로를 따라 내려가다 : **down the street**
- 도로를 따라 올라가다 : **up the street**
- 박물관 : **museum**
- 버스 정류장 : **bus stop**
- 병원 : **hospital**
- 시청 : **city hall**
- 신문·잡지 가판대 : **news stand**
- 여행사 : **travel agency**
- 여행자 안내소 : **visitors' bureau**
- 역 : **station**
- 오른쪽(왼쪽)으로 돌다 : **turn right(left)**
- 우체국 : **post office**
- 은행 : **bank**
- 가스충전소 : **gas station**
- 주택가 : **up town**
- 중심가 : **down town**
- 지나치다 : **go past**
- 지하 : **basement**
- 택시 승강장 : **taxi stand**
- 호텔 : **hotel**
- 화장실 : **restroom**

●● 교통 수단
- 1일 승차권 : **one-day ticket**
- 객차 : **coach**
- 그레이하운드(미국의 대표적 장거리 버스 회사) : **Greyhound**
- 그레이하운드사 자유 패스 : **Ameri Pass**
- 급행 : **express**
- 급행 열차 : **express train**
- 기차역 : **railroad station**
- 노선도 : **route map**
- 다음 정류장 : **next stop**
- 도착 : **arrive**
- 모든 역 정차 : **local**
- 버스 : **bus**
- 버스 정류장 : **bus stop**
- 버스 터미널 : **bus terminal**
- 보통 열차 : **local train**
- 승강장 : **platform**
- 시간표 : **time table / train schedule**
- 식당차 : **dining car**
- 식사를 위한 정차 : **meal stop**
- 왕복 : **round-trip**
- 운임 : **fare**
- 운임 선불 카드 : **fare card**
- 전미(全美) 철도 여객 수송 공사 : **Amtrak(American travel on track)**
- 전차 : **train**
- 지하철 : **subway**
- 짐 체크 : **baggage check-in**
- 차장 : **conductor**
- 출구 : **exit**
- 출발 : **departure**
- 침대 : **berth**
- 침대차 : **sleeper car**
- 칸막이 객실 : **compartment**
- 택시 : **taxi**
- 택시 승차장 : **taxi stand**
- 토큰 : **token**
- 특급 열차 : **limited express**
- 편도 : **one-way**
- 표 : **ticket**
- 하물 보관증 : **claim tag**
- 환승권 : **transfer ticket**
- 휴식을 위한 정차 : **rest stop**
- …행 : **bound for…**

05 전화 Telephone

✱✱ 전화를 받다

전화예요!	Telephone!
전화가 울리고 있어요!	The phone is ringing!
전화 좀 받아 줄래?	Could you answer it?
나는 지금 전화를 받을 수가 없어.	I can't come to the phone right now.
내가 받을게.	I'll answer it.
우일사입니다. 무슨 일이십니까?	Wooil company. May I help you?
여보세요. 앤더슨입니다.	Hello, Anderson speaking.
누구 전화야?	Who's calling?
캐나다에서 온 국제전화입니다.	It's an international call from Canada.
자동응답전화가 켜져 있습니까?	The answering machine is on?

✱✱ 전화를 걸다

이 전화 써도 됩니까?	May I use this telephone?
물론 됩니다.	Why not.
여보세요?	Hello.
앤더슨씨 부탁합니다.	Mr. Anderson, please.
존과 통화할 수 있나요?	May I speak to John?
민수 있나요?	Is Minsu there?
누구세요?	May I ask who's calling?

성함을 여쭤 봐도 될까요?	May I ask your name?
저는 앤입니다.	This is Ann.
저는 김입니다.	This is Kim speaking.
'블루'의 'B' 입니까?	B as in blue?
내선 211번으로 연결해 주세요.	Extension two-one-one, please.

❈❈ 전화를 바꿔 주다

잠시만 기다려 주세요.	Just a moment, please.
잠시 기다리세요.	Hold on, please.
잠시 기다리시겠어요?	Can you hold?
앤더슨을 바꾸겠습니다.	I'll put Anderson on.
한선이를 불러올게요.	I'll go get Hansun.
연결해 드릴게요.	I'll connect you.
전화를 돌려 드리겠습니다.	I'll transfer your call.
존, 네 전화야.	John, it's for you.
마사에게서 전화가 와 있어.	You've got a call from Martha.
하나사의 김씨 전화예요.	You have a call from Mr. Kim of Hana company.
1번에 전화가 와 있어요.	There's a call for you on line 1.
영업부는 다른 번호입니다.	The Sales Department has a different number.

❈❈ 전화를 받을 수 없다

죄송합니다. 지금 자리에 안 계시는데요.	I'm sorry, but he is out at the moment.

점심 드시러 나가셨는데요.	He's out to lunch.
그녀는 언제 돌아오나요?	When is she coming back?
금방 돌아올 거예요.	She should be back soon.
오늘은 돌아오지 않을 거예요.	He's left for the day.
휴가 중입니다.	He's on vacation.
지금 다른 전화를 받고 계십니다.	He's on another line right now.
죄송하지만, 지금 통화중인데요.	I'm sorry, but his line is busy now.
계속 기다리실래요?	Would you like to hold?
메모를 전해 드릴까요?	May I take a message? / May I take a message for you?
메모를 남겨도 될까요?	Can I leave a message?
메시지 좀 전해 주시겠습니까?	Could you take a message, please?
앤이 전화했었다고 그에게 전해 주세요.	Please tell him Ann called.
돌아오면 김에게 전화해 달라고 해주십시오.	When he comes back, please ask him to call Mr. Kim.
나중에 걸겠습니다.	I'll call back.
나중에 다시 걸겠습니다. 감사합니다.	I'll call again later. Thank you.

✱✱ 잘못 걸었다

앤더슨이라는 사람은 여기 없습니다.	There's no Mr. Anderson here.
미스터 김이라는 사람은 여기 없는데요.	There's no Mr. Kim here.
몇 번으로 거셨나요?	What number are you calling?

잘못 거셨습니다.	You have the wrong number.
잘못 걸었습니다.	I have the wrong number.
죄송합니다. 번호를 틀리게 걸었습니다.	I'm sorry I have the wrong number.
전화번호를 알려 주시겠습니까?	May I have your number?
제 전화번호는 123-4560입니다.	My number is one-two-three, four-five-six-oh.

** 전화를 끊다

이제 끊어야겠다.	I have to go now.
통화해서 좋았어.	Nice talking to you.
전화 줘서 고마워.	Thank you for calling.
다시 전화 줘서 고마워요.	Thank you for calling me back.
지금은 바빠서 나중에 전화할게요.	I'm busy now. Let me call you back later.

단 어 basic words

교환수 : **operator**
국가번호 : **country code**
끊기다 : **be disconnected**
끊다 : **hang up**
끊지 않고 기다리다 : **hold**
내선(번호) : **extension**
대답하다 : **answer**
무료통화번호 : **toll-free number**
시내통화 : **local call**
연결하다 : **connect**
외선 : **outside line**
자동응답전화기 : **answering machine**

잘못 걸다 : **misdial**
장거리 통화 : **long distance call**
전송하다 : **transfer**
전화를 걸다 : **call**
전화를 다시 걸다 : **call back**
전화번호부 : **Yellow Pages**
지명통화 : **person to person call**
지역번호 : **area code**
콜렉트 콜 : **collect call**
통화중 : **busy**
틀린 번호 : **wrong number**

06 날씨 Weather

※ 날씨에 대해

오늘 날씨는 어때요?	How is the weather today?
온도가 몇 도야?	What's the temperature?
오늘 일기예보는 어때요?	What is the weather forecast for today?
이 날씨가 계속될 것 같습니까?	Do you think the weather will hold?
그쪽 날씨는 어때요?	What is the weather there?
일기예보가 틀렸어요.	The weather forecast was wrong.

※ 날씨가 좋다

날씨 좋군요. 그렇죠?	It's a fine day, isn't it?
날씨 좋지 않아요?	Isn't this a lovely day?
오늘 날씨 좋네요. 그렇죠?	Beautiful day today, isn't it?
정말 햇빛 찬란한 날이네요.	What a sunny day!
좋은 날씨가 계속되는군요.	Wonderful weather we are having.
최근에는 날씨가 계속 좋아요.	We've been having lovely days lately.
이런 날씨가 계속되면 좋겠어요.	I hope this weather will last.
오늘 오후는 갤 것 같아요.	Looks like it's going to clear up this afternoon.
오늘 오후는 날씨가 갤 거라고 생각해요?	Do you think it will clear up this afternoon?
내일은 맑아야 될 텐데.	I hope it will be fine tomorrow.

내일은 맑을 거라고 생각해요.	I think it's going to be fine tomorrow.
일기 예보에 의하면 내일은 맑데요.	The weather forecast says it will be fair tomorrow.
1주일 만에 개네요.	This is the first fine day we've had in a week.

** 날씨가 우중충하다

날씨가 궂어요.	It's cloudy.
날이 흐려졌어요.	It's getting cloudy. The sky is getting overcast.
갑자기 흐려졌어요.	It's suddenly clouded over.
하늘이 어두워졌어요.	The sky has become very dark.
비가 내릴 것 같군요. 그렇죠?	It looks like rain, doesn't it?
태양이 나와야 할 텐데.	I wish the sun would come out.

** 날씨가 나쁘다

지독한 날씨네요?	Terrible weather, isn't it?
요즘은 날씨가 불안정하군요.	The weather has been changeable recently.
아무래도 날씨가 나빠지는군요.	I'm afraid we'll have bad weather.
도무지 날씨가 회복될 기미가 안 보이네요.	I'm afraid the weather shows no sign of getting better.
아무래도 날씨가 회복될 것 같아요.	The weather is likely to improve.
날씨는 점차 좋아지고 있습니다.	The weather is improving.
천둥이 치고 있습니다.	It is thundering.

천둥이 심하게 치네요!	What a clap of thunder!
번개가 쳐요.	It's lightning.
멀리서 번개가 쳤어요.	There was a flash of lightning in the distance.
벼락이 가까이에 떨어졌어요.	The thunderbolt fell close by.
안개가 심하군요.	The fog is thick, isn't it?
안개 때문에 아무것도 안 보입니다.	We can't see anything for the fog.
이 안개는 금방 걷힐 겁니다.	The fog will disappear soon.
지면은 서리 때문에 새하얗습니다.	The ground is white with frost.
오늘 아침은 서리가 심하게 내렸어요.	There is a heavy frost this morning.

❋❋ 비가 내리다

오늘 비가 올까?	Is it going to rain today?
금방이라도 내릴 것 같아요.	It will rain any moment.
구름을 보니 금방이라도 비가 내릴 것 같네요.	The clouds threaten rain.
오늘 오후에는 비가 내릴 것 같아요.	It's going to rain this afternoon.
오늘 오후에는 소나기가 내릴 것 같은 느낌이 들어요.	It looks like we'll have a shower this afternoon.
비가 뚝뚝 내리기 시작했어요.	It began to sprinkle. / It started raining.
비가 내리기 시작했어요.	It has begun to rain.
밖에는 비가 내리고 있습니다.	It is raining outside.
장대비가 내려요.	It's raining cats and dogs. / It's raining hard. / It's pouring.

비를 피합시다.	Let's take shelter from the rain.
비가 내렸다 그쳤다 하고 있습니다.	It's raining on and off.
비가 그치면 좋을 텐데.	I wish it would stop raining.
이 비는 금방 그칠 겁니다.	The rain will soon be over.
비가 그칠 것 같습니다.	The rain promises to let up.
비가 그쳤습니다.	The rain has stopped. / The rain is over.
비가 그칠 것 같은 기미가 안 보이네요.	There is no sign of the rain letting up.
오랫동안 비가 안 내립니다.	We have been without rain for a long time.
장마철이 되었어요.	The rainy season has set in.

눈이 내리다

눈이 내릴 것 같습니다.	It looks like snow.
눈이 가볍게 내리고 있습니다.	It is snowing lightly.
눈이 드문드문 내리기 시작했습니다.	Snowflakes began to flutter in the air.
눈이 펄펄 내리고 있습니다.	It is snowing in great flakes.
눈이 심하게 내리고 있습니다.	It is snowing hard.
비가 섞인 눈이 내리고 있습니다.	It is snowing with rain.
비가 눈으로 변해 버렸습니다.	The rain has changed to snow.
이 주변은 겨울에 눈이 많이 와요.	We have much snow in the winter around here.

바람이 불다

바람이 일고 있습니다.	The wind is getting up.
바람이 잔잔해졌습니다.	The wind is dying down.
바람이 그쳤습니다.	The wind died away.
오늘은 바람이 강하군요. 그렇죠?	It's very windy today, isn't it? / It's blowing hard today, isn't it?
밖에는 바람이 전혀 없습니다.	There is no wind at all outside.
바람은 북쪽에서 불어 옵니다.	The wind is blowing from the north.
바람이 약간 동쪽으로 바뀌어 가고 있습니다.	The wind is shifting a little to the east.
바람이 동쪽으로 바뀌었습니다.	The wind has shifted to the east.
한차례 비가 내릴 것 같은 바람이군요.	I'm afraid there's a threat of rain in the wind.

덥다

점점 더워지고 있어요.	It's getting warmer.
정말 덥군요. 그렇지 않아요?	It's very hot, isn't it?
굉장히 덥네.	It's extren hot.
찌는 듯이 덥군요. 그렇죠?	It's very sweltering hot, isn't it?
못 견딜 정도로 덥습니다.	It's unbearably hot. / I can't stand the heat.
정말로 무더운 날이네요.	It's very sultry today, isn't it?
방이 덥지 않습니까?	Don't you feel hot in this room?
이 시기치고는 너무 덥군요.	It's too hot for this time of year.
저는 땀에 흠뻑 젖었어요.	I'm wet with perspiration.
이 더위가 언제까지 계속될까?	I wonder how long this heat will last.

춥다

오늘은 좀 쌀쌀해요.	It's a bit chilly today.
오늘은 춥네요. 그렇지 않나요?	It's cold today, isn't it?
살을 에는 듯 춥군요. 그렇죠?	It's piercing cold today, isn't it?
봄치고는 춥군요.	It's rather cold for spring.
날이 갈수록 추워지는군요.	It is getting colder day by day.
몸이 어는 것 같아요.	I'm freezing.
저는 추워서 덜덜 떨리고 있어요.	I'm shivering with cold.
저는 뼛속까지 추워요.	I feel chilled to the marrow of my bones.
추워졌습니다.	The cold weather has set in.
올 겨울 추위는 유난스럽군요.	The cold of this winter is quite unprecedented.
추위도 많이 누그러졌어요.	The cold has relaxed in severity.

단 어 basic words

갠 : **fine / clear / fair**
건조한 : **dry**
기온 : **temperature**
기후 : **climate**
날씨 : **weather**
뇌우 : **thunderstorm**
눈(이 내리다) : **snow**
비(가 내리다) : **rain**
습한 : **humid**

쌀쌀한 : **chilly**
얼 것 같은 : **freezing**
온난한 : **mild**
우기 : **rainy season**
일기예보 : **weather forecast**
천둥 : **thunder**
태풍 : **typhoon**
흐린 : **cloudy**

07 병·부상 Disease / Injury

✱✱ 병원에 가고 싶다

가까운 곳에 병원이 있습니까?	**Is there a hospital near here?**
진료 예약을 하고 싶습니다.	**I want to make a reservation for a consultation.**
친구가 쓰러져서 의식이 없습니다.	**My friend fell and is unconscious.**

✱✱ 아프다

몸이 안 좋습니다.	**I feel sick.**
감기에 걸린 것 같습니다.	**I think I picked up a cold.**
목이 아픕니다.	**I have a sore throat.**
음식을 먹으면 목이 아픕니다.	**My throat burns when I swallow food.**
침을 삼키는 것만으로도 목이 아픕니다.	**My throat hurts even when I swallow.**
목에 불쾌감이 있습니다.	**I have an uncomfortable feeling in my throat.**
기침이 나옵니다.	**I have a cough.**
기침을 할 때마다 목이 따끔따끔합니다.	**I have a burning sensation when I cough.**
머리가 아파요.	**I have a headache.**
두통이 심합니다.	**I have a terrible headache.**
머리가 쪼개질 듯 아픕니다.	**I have a splitting headache.**
두통 때문에 항상 고생입니다.	**I always suffer from headache.**

관절이 아픕니다.	My joints ache.
등이 뻣뻣합니다.	I strained my back.

** 열이 있다

오늘 아침, 체온을 쟀습니다.	I took my temperature this morning.
열이 있습니다.	I have a fever.
지난 3일 동안 미열이 있었습니다.	I've had a slight fever for three days.
지금은 열은 없습니다.	I don't have a fever now.
밤이 되면 열이 있습니다.	I have a fever at night.
열이 있는 것 같습니다.	I feel feverish.
38도의 열이 있습니다.	I have a temperature of 38 degrees.

** 속이 안 좋다

복통이 일어났습니다.	I have a stomachache.
식욕이 전혀 없습니다.	I have no appetite at all.
가슴앓이 증상이 있습니다.	I have heartburn.
위가 무거운 느낌입니다.	I feel heavy in my stomach.
위가 콕콕 쑤십니다.	I have a sharp pain in the stomach.
식후에 위가 아픕니다.	My stomach hurts after meals.
토할 것 같습니다.	I feel like vomiting.
먹으면 토해 버립니다.	I throw up when I eat.
어젯밤, 먹은 것을 토해냈습니다.	I vomited last night.
최근에 폭음폭식을 하고 있습니다.	I have been eating and drinking a lot.

위가 팽팽해진 느낌이 듭니다.	**I feel swollen in the stomach.**
2, 3일 동안 배변이 없습니다.	**I've had no bowel movement for a couple of days.**
설사를 합니다.	**I have diarrhea.**

❄❄ 이가 아프다

치통입니다.	**I have a toothache.**
식사를 하면 쿡쿡 쑤셔요.	**I have a throbbing pain when I eat.**
찬 음식을 먹으면 이빨이 시려요.	**My tooth hurts when I drink something cold.**
1주일 전쯤부터 아프기 시작했어요.	**It started hurting about a week ago.**
이가 아파서 밤에 잠을 잘 수 없어요.	**My tooth hurts so much that I can't sleep at night.**
충치가 하나 있습니다.	**I have a decayed tooth.**
충치가 두 개예요.	**I have two cavities.**
이 이빨이 흔들거려요.	**This tooth is loose.**
이 이빨의 충전재가 떨어져 나갔어요.	**The filling of this tooth cavity came off.**
넘어져서 이빨이 부러졌어요.	**My tooth broke when I fell down.**
잇몸이 부어서 음식을 씹을 수 없어요.	**My gums are so swollen that I have difficulty in chewing.**

❄❄ 귀가 이상하다

귀가 울립니다.	**I have a ringing in my ears.**
왼쪽 귀에 통증이 있습니다.	**I have a pain in my left ear.**
작은 벌레가 오른쪽 귀에 들어가 있는 것 같아요.	**A small insect seems to have flown into my right ear.**

눈이 아프다

눈이 가렵습니다.	My eye itches.
눈이 아픕니다.	My eye is sore. / My eyes hurt.
오른쪽 눈이 따끔따끔 쑤십니다.	I have a pricking pain in my right eye.
왼쪽 눈에 뭐가 들어간 것 같습니다.	Something got into my left eye.
사물이 이중으로 보입니다.	I see things double.
눈이 금방 피곤해집니다.	My eyes get easily tired.

다쳤다

벌레에 뺨을 물렸습니다.	I got stung by an insect on the cheek.
개한테 물렸습니다.	I was bitten by a dog.
자동차 사고로 팔이 부러졌습니다.	I broke my arm in a car accident.
몸에 발진이 생겼습니다.	I have rashes all over my body.
유리 조각에 손을 베었습니다.	I cut a hand on a piece of glass.
상처가 덧났습니다.	My wound has become infected.
오른쪽 발에 화상을 입었습니다.	I burned my right foot.

피로하다

최근에 쉽게 피곤해집니다.	I easily get tired these days.
몸이 늘어집니다.	I feel tired. / I feel sluggish.

✱✱ 진찰하다

어디가 아프십니까?	What's the matter?
목을 좀 봅시다.	Let me check your throat.
편도선이 부었고 매우 빨갛습니다.	Your tonsils are swollen, and are very red.
이건 유행하는 감기인 거 같군요.	This is probably a cold that has been going around.
어느 정도면 나을까요?	How long will it take before I am well?
통증의 원인은 뭡니까?	What is the cause of this pain?
이 약을 먹고 하루 정도 푹 자면 바로 나을 겁니다.	You will get well soon if you take this medicine and sleep for a day.

단 어 basic words

●●신체 각 부분의 명칭

- 가슴 : **chest**
- 겨드랑이 : **armpit**
- 관자놀이 : **temple**
- 귀 : **ear**
- 넓적다리 : **thigh**
- 눈 : **eye**
- 눈썹 : **eyebrow**
- 등 : **back**
- 머리 : **head**
- 명치 : **midriff**
- 목 : **neck**
- 목구멍 : **throat**
- 무릎 : **knee**
- 발 : **foot**
- 발뒤꿈치 : **heel**
- 발목 : **ankle**
- 배 : **belly**
- 배꼽 : **navel**
- 뺨 : **cheek**
- 손 : **hand**
- 손가락 : **finger**
- 손목 : **wrist**
- 심장 : **heart**
- 아랫배 : **abdomen**
- 어깨 : **shoulder**
- 엉덩이 : **bottom**
- 위 : **stomach**
- 이마 : **forehead**
- 이빨 : **tooth**
- 입 : **mouth**
- 장 : **intestine**
- 정강이 : **lower leg**
- 종아리 : **calf**
- 코 : **nose**
- 턱 : **chin**
- 팔 : **arm**
- 팔꿈치 : **elbow**

폐 : **lung**
피부 : **skin**
허리 : **waist**

●●병원 용어
가루약 : **powder**
감기약 : **cold medicine**
감염 : **infection**
과립 : **granule**
급성의 : **acute**
내시경 : **endoscope**
당의정 : **sugar-coated tablet**
마취 : **anesthesia**
만성의 : **chronic**
맥 : **pulse**
변비약 : **laxative**
병원 : **hospital**
살균 : **disinfection**
소변 검사 : **urinalysis**
소화제 : **digestant**
수면제 : **sleeping pill**
수술 : **operation**
수혈 : **blood transfusion**
아스피린 : **aspirin**
안약 : **eye drops**
알레르기 : **allergy**
앰플 : **ampoule**

약품 : **medicine**
열 : **heat**
외래 환자 : **outpatient**
용제 : **solution**
응급 접수 : **emergency**
입원료 : **hospital charge**
절대 안정 : **absolute rest**
정밀검사 : **through examination**
정제 : **tablet**
좌약 : **suppository**
주사 : **injection**
증상 : **symptoms**
지혈제 : **binding medicine**
진찰 : **medical examination, checkup**
진찰료 : **doctor's fee**
질병 : **sickness, illness**
체온 : **body temperature**
치료 : **treatment / therapy**
타진 : **tapping**
퇴원 : **discharge**
한방약 : **Chinese medicine**
해독 : **detoxication**
혈압 : **blood pressure**
혈청 : **serum**
호흡 : **breathing**
회복 : **recovery**

08 사고 Accident

** 도움을 청하다

사람 살려!	Help!
불이야!	Fire!
도둑이야!	Thief!
살려 주세요.	Don't hurt me.
저 놈 잡아라!	Catch him!
제발 도와 주세요!	Please help me!
당신 도움이 필요해요.	I need your help.
어떻게 해야 할지 모르겠어요.	I don't know what to do.
긴급 상황입니다.	This is an emergency.
너무나 곤란한 상황이에요.	I have a terrible problem. / I'm in serious trouble.
급해요.	I'm in a hurry.
무슨 문제가 있습니까?	What's wrong? / Is there any problem?

** 사고에 대해

제 지갑을 도난당했습니다.	My wallet was stolen.
제 친구가 사라졌습니다.	My friend is missing.
교통사고 신고를 하려 합니다.	I want to report a car accident.
카메라를 식당에 두고 왔습니다.	I left my camera in the restaurant.

누가 제 가방을 가져갔습니다.	Someone took my bag.
제 돈은 가방 안에 있습니다.	My money is in my bag.
여권을 잃어버렸습니다.	I lost my passport.
강도당했습니다.	I was robbed.
공격받았습니다.	I was attacked.
(어둠 속에서)습격당했습니다.	I was mugged.
저격당했습니다.	I was shot.
성적 폭행을 당했습니다.	I was sexually assaulted
오해를 받아 체포되었습니다.	I was wrongly arrested.
이용당했습니다.	I was framed.
미행당했습니다.	I was followed.
협박받았습니다.	I was threatened.
사기당했습니다.	I was ripped off.
상처 입었습니다.	I was injured.
상처는 없습니다.	I have no injury.
피를 흘리고 있습니다.	I am bleeding.
돈을 도둑맞았습니다.	My money was stolen.
외출 중에 누군가 방에 침입했습니다.	Someone broke into my room while I was out.

** 연락을 원하다

앰뷸런스를 불러 주실래요?	Could you please call an ambulance?
경비원을 불러 주세요.	Call a security officer.
경찰에 전화해 주세요.	Call the police.
경찰에 전화하겠습니다.	I'll call the police.

한국 대사관과 연락하고 싶습니다.	I want to contact the Korean embassy.
누구에게 알리면 됩니까?	Who should I report it to?
카드를 무효로 해주세요.	Please cancel the card.
분실 증명이 필요합니다.	I need a certificate of loss.
도난 증명이 필요합니다.	I need a certificate of theft.
보험 회사에 청구할 때 필요합니다.	I need it to make a claim to my insurance company.

고발하다

제 잘못이 아닙니다.	It's not my fault.
그는 도둑입니다.	He is thief.
그는 침입자입니다.	He is intruder.
그는 가해자입니다.	He is assailant.
그는 사기꾼입니다.	He is con artist.

단 어 basic words

긴급사태 : **emergency**
위험 : **danger**
사고 : **accident**
재해 : **disaster**
화재 : **fire**
구급차 : **ambulance**
경찰관 : **police officer**
경비원 : **security guard**
소방관 : **fire fighter**
구조요원 : **lifesaver**
도난 : **theft / robbery**
강도 : **robber**
소매치기 : **pickpocket**

피해 : **damage**
도난신고 : **theft report**
분실물 신고소 : **Lost and Found**
분실물 : **lost article**
손해보험 : **property insurance**
급수 : **water supply**
정전 : **power outgo**
누수 : **leak**
고장 나다 : **break down**
수리 : **repair**
수리공 : **repair person**
교체하다 : **replace**